Todos los libros de Linkgua Ediciones cuentan con modelos de Inteligencia Artificial entrenados por hispanistas. Pregúntale al chat de tu libro lo que desees acerca de la obra o su autor/a.

Para **ebooks**: Accede a nuestro modelo de IA a través de este enlace.

Para **libros impresos**: Escanea el código QR de la portada con tu dispositivo móvil.

Obtén análisis detallados de nuestros libros, resúmenes, respuestas a tus preguntas y accede a nuestras ediciones críticas generativas para una experiencia de lectura más enriquecedora.
La transparencia y el respeto hacia la autoría de las fuentes utilizadas son distintivos básicos de nuestro proyecto. Por ello, las respuestas ofrecen, mediante un sistema de citas, las fuentes con las que han sido elaboradas.

Autores varios

Constituciones fundacionales de Chile

Barcelona 2024
Linkgua-ediciones.com

Créditos

Título original: Constituciones fundacionales de Chile.

© 2024, Red ediciones S.L.

e-mail: info@linkgua.com

Diseño de cubierta: Michel Mallard.

ISBN rústica ilustrada: 978-84-9816-922-5.
ISBN tapa dura: 978-84-1126-060-2.
ISBN ebook: 978-84-9897-163-7.

Sumario

Reglamento constitucional provisorio de 1812

(Sancionado el 26 de octubre de 1812)

Preámbulo
Reglamento constitucional provisorio

Reglamento constitucional provisorio de 1812
(Sancionado el 26 de octubre de 1812)
Excmo. Señor:
El pacto que debe intervenir entre el pueblo y sus gobernantes está contenido en el adjunto Reglamento Constitucional, que presentamos a V. E. respetuosamente los ciudadanos que suscribimos esta memoria y que, los jefes militares juran observar y sostener por su honor y su espada.

Dios guarde a V. E. muchos años. Santiago y octubre 12 de 1812.

Excmo. señor.

Ambrosio María Rodríguez de Herrera, paisano abogado. Ambrosio Aldunate, paisano. Antonio Hernández, Sargento de Asamblea. Agustín Marchant, paisano. Agustín de Olavarrieta, Director de la Renta de Tabacos. Antonio Urrutia, Teniente Coronel del Regimiento Milicias del Rey. Agustín de Gana, Capitán de ídem. Agustín de Arrieta, paisano. Antonio José de Irisarrí, Capitán de Milicias de la Vara. Agustín Mardones, paisano Procurador. Agustín Llagos, ídem. Andrés López de Sánchez. Agustín Lillo, paisano. Antonio de Hermida, Capitán de Milicias del Regimiento del Príncipe. Benito Aspeitía, empleado de la Casa de Moneda. Bernardino Vega. Bernardo Font, paisano. Bartolomé Quintana. Carlos Rodríguez de Herrera, Contador de la Real

Aduana. Cipriano Varas, Capitán de Milicias de Pardos Libres. Cecilio Ramos, Teniente de Asamblea. Casimiro Goycoolea, Teniente del Regimiento de Milicias del Rey. Casimiro de Casanova. Camilo Henríquez, Padre de la Religión de los Agonizantes. Cipriano de Ovalle, paisano. Dr. Domingo Errázuriz, eclesiástico. Diego Gormaz, ídem. Fray Domingo de Velasco, Provincial de Santo Domingo. Fray Domingo Herrera, Comendador de la Merced. Domingo Venegas. Domingo Díaz de Salcedo y Muñoz, Coronel del Regimiento de Milicias del Rey. Domingo Bilbao, paisano. Domingo Ortiz Rozas, empleado en la Aduana. Domingo Cousiño, paisano. Diego Silva, ídem. Domingo Pérez, ídem. Domingo Suárez, paisano. Diego Uñón, ídem. Esteban Lisardi, ídem. Eleuterio Andrade, Teniente de Milicias de Concepción. Esteban Cea, Capitán de Milicias del Regimiento de la Princesa. Esteban Fernández, paisano. Fernando Márquez de la Plata, Oidor y Regente de esta Audiencia. Francisco Antonio Pérez, paisano abogado. Francisco de Paula Ramírez, Teniente del Regimiento de Milicias del Príncipe. Francisco Prats, Interventor de Correos. Francisco Mardones y Valvino, paisano. Francisco de la Lastra, Alférez de Navío de la Real Armada. Francisco de las Cuevas, paisano. Francisco Javier Videla, Capitán de Milicias del Regimiento de la Princesa. Félix Antonio Vial, Alférez de ídem. Francisco Gaona, Sargento del Cuerpo de Asamblea. Francisco Ambrosio León de le Barra, Teniente de Milicias del Regimiento del Rey. Francisco de Laforest, empleado en el Consulado. Francisco Brochero, Ensayador de la Real Casa de Moneda. Francisco del Río, Teniente de Dragones de Concepción. Fermín Fabres, empleado en la Real Casa de Moneda. Francisco de Barros, paisano. Francisco Manuel de la Sotta, Teniente de Milicias del Regimiento del Príncipe. Feliciano José de Letelier, Diputado del Tribunal de Minería y Teniente Coronel de Milicias. Francisco Ruiz Tagle, Capitán de Milicias del Príncipe. Felipe Cáceres, Oficial de Milicias. Francisco del Barrio, paisano. Francisco Lazo, ídem. Francisco Parca. Francisco Mulet, paisano. Francisco Aros, ídem. Francisco Javier Caldera, eclesiástico jesuita. Francisco Esteban Olivera, paisano. Fernando Olivares, paisano Procurador. Francisco Javier Ovalle, ídem. Francisco Javier de Trucíos, ídem. Francisco Javier Sandoval. Gabriel José de Valdivieso, Administrador de 'I'abacos de Renca y Capitán Agregado al Regimiento de la Princesa. Gabriel de Larraín, paisano. Hipólito Oller, Capitán de Artillería. Dr. Hipólito de Villegas, abogado y Contador de Temporalidades. Enrique de Campino, paisano. Hipólito de Amaya, ídem. Hermenegildo Mardones, ídem. Hilario de Vial, ídem. Ignacio de Silva, empleado de Tabacos. Isidoro Errázuriz, Oficial del Regimiento del Príncipe. Isidoro de Ureta, paisano. Isidoro Antonio de Castro, ídem. Ignacio de Torres, Escribano del Consulado. Isidro Verdejo, paisano. Isidro Novoa, ídem. Juan José de Carrera, Capitán del Regimiento del Príncipe. José Miguel Carrera, ídem. José Samaniego y Córdova, Ministro Contador de las Cajas Reales. Juan de Dios de Gacitúa, paisano abogado. Juan de Dios Vial del Río, ídem. Dr. José Antonio Errázuriz, Canónigo de esta Catedral. Dr. Juan Pablo Fretes, ídem. José Santiago Rodríguez, Obispo Electo de ídem. Juan Bautista de Aeta, Administrador Principal de Correos. Juan de Dios Vial, Teniente de Asamblea. José Antonio Botaro, Teniente del Batallón de Concepción. José María de Guzmán, Capitán de Milicias. Fray Joaquín Gorriti, Maestro Prior de San Agustín. José Marcial Vigil, Teniente del Regimiento del Príncipe. José María de Villegas, paisano. Juan Antonio Nieto, empleado en Aduanas. Juan Antonio Olalquiaga, ídem. Juan Nicolás Correa, paisano. José Joaquín Valenzuela, Alférez del Regimiento del Rey. José Miguel Valdés, Teniente del Regimiento de la Princesa. José María Carrera, paisano. Juan de Dios Ureta, ídem. Joaquín de Aguirre, Comandante del Regimiento del Príncipe. José Antonio Ramos, paisano. Juan de Dios Vial Arcaya, ídem. José Antonio Avendaño, ídem. José Santiago Gómez, ídem. Joaquín García, Subteniente de Dragones de la Reina. José Riveros, Alférez del Regimiento del Príncipe. José Ignacio Jofré, ídem. Juan de Dios Jofré, paisano. José Jiménez de Guzmán, Capitán del Regimiento del Rey. José Paciente de la Sotta, Teniente de ídem. José Zapatero, Teniente de Artillería. José Agustín de Herrera, paisano. José Alonso Toro Gamero, Teniente del Regimiento del Príncipe. Juan Fermín Brunel, Sargento de Artillería. Juan Nepomuceno Morla, Sargento de ídem. José Domingo Valdés, Alférez del Regimiento del Príncipe. José Manuel Borgoño, Cadete del Batallón de Concepción. José Domingo Muxica, paisano. Juan Francisco de Cifuentes, Tesorero de Tabacos. José Antonio Castro, empleado en la Moneda. José Andrés de Gavin, paisano. José Antonio de Mancheño, empleado en la Real Casa de Moneda. José Antonio de Echanez, Alférez del Regimiento del Rey. José Santiago Guzmán. José Manuel Tuñón, paisano. José Manuel Gómez, ídem. Julián José Fretes, Alférez del Regimiento del Rey. José Toribio Torres, paisano. Juan Manuel Correa, ídem. Dr. José Ureta, Administrador de Minería. José María Tocornal, Diputado de ídem. José de Murillo, paisano. José Nicolás de la Cerda, paisano. José Ignacio de Eyzaguirre, Ensayador de la Real Casa de Moneda. José Julián de Villegas, Fundidor de ídem. José Ramón de Argomedo, paisano. José Antonio de Rojas, ídem. José María de Rozas, paisano abogado. José Antonio Prieto, empleado en la Aduana. Joaquín de Trucios, paisano. Joaquín de

Izarra, ídem. José Antonio Ríos, ídem. José de Bravo, ídem. José Miguel Sierra. José Luis Gava. José Fortunato de Mesías, paisano. José de Trucíos, ídem. Dr. Jaime de Sudañez, paisano abogado. José Santiago de Campino, ídem. José Antonio de Badiola, abogado. José Agustín de Arcos, paisano. Joaquín Larraín, ídem. Dr. Juan Francisco de la Barrra, abogado paisano. José Miguel Mulet, paisano. Juan de Dios de Laforest, ídem. José Gabriel de Quezada, eclesiástico. Juan Tadeo de Silva, Capitán del Regimiento de la Princesa. José Ignacio de Zenteno, paisano Procurador. Juan Lorenzo de Urra, ídem. José Hernández. Juan Crisóstomo de los Álamos, ídem Escribano. Joaquín de la Barra, paisano. José Ignacio de la Cuadra, Teniente de Milicias de Rancagua. Jorge Godoy ídem del Regimiento del Príncipe. José María Goly. José Matías Díaz Alderete, empleado en la Aduana. Juan José Vargas. José Joaquín Díaz, paisano. José Antonio Barahona, ídem. Juan de Dios Garay, Teniente de Milicias de la Concepción. Juan Laviña, paisano. Joaquín de Echeverría, ídem. José Agustín Ugalde, ídem. José Antonio Díaz, ídem. José Ignacio Sánchez, ídem. José Eugenio Doria y Saravia, ídem. José María Argandoña, Eclesiástico. Dr. Juan José Uribi, ídem. José Santiago Nava, paisano. José Mariano Lafebre, empleado en la Aduana. Joaquín de Echeverría y Larraín, paisano. José Joaquín Fabres, empleado en la Real Casa de Moneda. José Santiago Pérez de García, paisano. Dr. Silvestre Lazo, ídem. José Manuel de Astorga, ídem. José Gregorio Fontecilla, ídem. Juan de Pasos, ídem. Juan Francisco Puelma, paisano. Justo de la Barrera, ídem. José María de los Álamos, ídem. Julián Gormaz, empleado en la Real Aduana. José de Prado. Joaquín Benítez, Capitán de Milicias de Aconcagua. José Zenteno, Receptor. José Manuel Menares, paisano. José María Villarreal, abogado. José Antonio

Campino, paisano. José Gregorio Calderón, paisano Procurador. Juan José Ramírez. Luis de Carrera, Teniente del Regimiento del Príncipe. Lorenzo José de Villalón, Relator de la Real Audiencia. Lucas de Arriarán, Capitán del Regimiento del Rey. Lorenzo Sánchez, Sargento de Artillería. Lorenzo Jofré. Lorenzo Fuenzalida, paisano abogado. Manuel Díaz Muñoz, Capitán del Regimiento del Rey. Manuel Matías Fernández de Valdivieso, Coronel de Milicias de San Fernando. Manuel Antonio Luján, Teniente de Milicias y Oficial de la Secretaría de Gobierno. Dr. Manuel de Vargas, Canónigo Magistral de esta Catedral. Dr. Miguel de Palacios, ídem. Martín Prats, paisano. Manuel Antonio Araoz, ídem. Manuel Manso, Administrador de la Real Aduana. Fray Manuel López, Guardián de la Recoleta Franciscana. Manuel Fernández, Ministro Tesorero de Cajas Reales y actual Contador Mayor. Manuel de Cuadros, Tesorero interino de la Real Aduana. Manuel José de las Cuevas, paisano. Manuel Valenzuela, Teniente de Milicias del Rey. Miguel Pinto, paisano. Manuel Quezada, ídem. Matías García, Teniente del Regimiento del Príncipe. Manuel Antonio de Muxica, paisano. Manuel Francisco Valdovinos, ídem. Manuel de Aeta, paisano. Manuel de la Vega, Teniente del Regimiento del Príncipe. Manuel Pérez de Camino, empleado en Tabacos. Miguel de Rivas, paisano. Manuel Dionisio de Lisardi, paisano. Manuel de Aldunate, Teniente Coronel de Milicias de Illapel. Mariano de Egaña, paisano. Martín Toribio de Muxica, ídem. Mateo de Labra, empleado en la Real Casa de Moneda. Matías de Muxica, paisano. Manuel Ramírez de Arellano, paisano. Manuel Ruperto de Orezco, ídem. Marcos Francisco de Sierralta, paisano. Dr. Mariano Mercado, eclesiástico. Manuel Chacón, paisano. Martín Segundo de Larraín, ídem. Manuel Domingo Loís, Teniente del Regimiento del Príncipe. Manuel Antonio Recabarren, paisano. Miguel de Ovalle, ídem. Manuel de Palacios, ídem. Miguel de Silva. Manuel Solís, paisano. Manuel de Salas, ídem. Manuel del Río. Manuel Riveros, paisano. Manuel Contreras, ídem. Manuel Gormaz, paisano. Manuel Guerra, ídem. Modesto Antonio de Villegas, abogado Relator de la Real Audiencia. Martín de Larraín, Capitán del Regimiento de la Princesa. Manuel Muñoz y Urzúa, paisano. Manuel de Castillo y Saravia, ídem, dependiente de la Real Aduana. Manuel José Martínez, paisano. Manuel José de Astorga, paisano. Miguel Morales, ídem. Miguel de Astorga, Oficial retirado de Milicias. Manuel José de Salamanca, paisano. Miguel de García. Manuel de la Cruz Muñoz. Miguel de Prado, paisano. Melchor Román, Escribano de Cámara de la Real Audiencia. Manuel José Cortínez. Manuel Donoso, paisano. Nicolás Marzán, empleado en la Casa de Moneda. Nicolás Matorras, paisano. Nicolás Antonio Lois, ídem. Dr. Pedro Vivar, Canónigo de esta Catedral. Pedro Lurquín, Administrador de Temporalidades. Pedro Antonio de Villar y Díaz, Teniente del Regimiento del Rey. Pedro Allende, paisano. Pedro García de la Huerta, Oficial de Milicias de Caballería. Pedro José de Ureta, Sargento de Dragones de la Reina. Pedro Nolasco de Astorga, paisano. Pedro Juan Barnes. Pedro Nolasco Vidal, paisano. Pedro José Valenzuela, paisano. Pedro Posse, paisano. Pedro Pascual Rodríguez, empleado en la Moneda. Pedro del Solar, paisano. Pedro Nolasco Mena. Pablo Garriga, paisano. Pedro Nolasco Valdés, ídem. Pedro Tomás de Quiroga, Teniente del Regimiento del Rey. Pedro José Palacios, paisano. Pedro Nolasco Videla, Dragón de la Reina. Pablo Riveros, paisano. Pedro Nolasco de Victoriano. Pedro Vidal empleado en el Consulado. Pedro Palazuelos ídem. Pedro Lafebre, paisano. Pedro Nolasco Nogareda. Pedro Pascual Chacón. Dr. Rafael Diez de Arteaga, eclesiástico Promotor Fiscal del Juzgado. Rafael de la Mata Linares, paisano. Ramón de la Cavareda, ídem. Ramón Rodríguez, Alférez del Regimiento del Rey. Ramón de Aeta, Oficial del Regimiento de ídem. Ramón Ravés, Sargento de Artillería de Concepción. Ramón Errázuriz, paisano. Rafael Eugenio Muñoz, Capitán de Milicias de San Fernando. Rafael Correa, empleado en la Real Aduana. Rafael Bilbao, paisano. Ramón Valero, ídem. Ramón Mariano de Aris, Teniente del Regimiento del Rey. Ramón Allendes, paisano. Rafael Díaz Alderete, ídem. Rafael Barreda, ídem, escribano. Rafael de Morgado, paisano. Ramón Yávar, ídem. Santiago Ascacibar Murube, Ministro Contador de las Reales Cajas de la Concepción. Santiago Vicente O'Ryan, Contador de la Real Casa de Moneda. Silvestre Martínez de Ochagavía, Tesorero de ídem. Silvestre Valdivieso, paisano. Servando Jordán, ídem. Santiago Prado, ídem. Tomás Lurquín, empleado de Tabacos. Tomás José de Goyenechea, paisano. Tomás Gavilán, ídem. Tadeo Gormaz, empleado en la Real Aduana. Timoteo de Bustamante, paisano abogado. Vicente de Guzmán, paisano. Vicente Dávila, ídem. Vicente de Urbistondo, ídem.

Reglamento constitucional provisorio

Preámbulo

Los desgraciados sucesos de la Nación Española, el conocimiento de su origen, y de las circunstancias que acompañan sus desastres, obligaron a sus Provincias a precaverse de la general ruina a que las conducían las caducas autoridades emanadas del antiguo corrompido Gobierno; y los Pueblos recurrieron a la facultad de regirse por sí o por sus representantes, como al sagrado asilo de su seguridad. Chile con igual derecho, y necesidad mayor, imitó una conducta, cuya prudencia han manifestado el atroz abuso que han hecho en la Península y en la América los depositarios del poder y la confianza del soberano; los reiterados avisos de los que toman verdadero interés por la Nación, para que esta parte de ella no sea sorprendida por las asechanzas de sus enemigos encubiertos; la aprobación de los respetables cuerpos e individuos de carácter y probidad; y sobre todo, el éxito conforme al honor e intenciones que la guiaron, y que reunieron en un punto todas las voluntades de los habitantes de este vasto Reino.

Ni en él, ni en los demás que le sirvieron de modelo, podía ejecutarse una resolución tan urgente con toda aquella detención que era forzosa para que fuese perfecta desde el principio, y solo se trató de atajar el mal inminente del modo que permitían las circunstancias, sin prescribir a los que se creyeron dignos de la alta confianza de gobernar a sus conciudadanos, más reglas, que las que le dictase su virtud, ni a los que deben obedecerlos otro término que el de su docilidad; dejando el establecerlas para cuando tranquilamente pudiesen hacerlo aquellos a quienes disputasen los pueblos.

Su congregación es uno de los objetos que ocupan con preferencia al Gobierno, que observando dificultades, que incesantemente trata de remover, pero que no espera conseguir con la prontitud que demanda la necesidad de disipar la incertidumbre consiguiente a la falta de publicidad y fijeza de los principios adoptados para el orden y seguridad, cuyo efecto ocasiona juicios y conjeturas contrarias a la unión, de que pende la salud común; ha creído deber proclamarlos anticipadamente, persuadido de su conformidad con la voluntad general, por la opinión pública, que es el verdadero garante de la pluralidad de sufragios, reservando a aquella asamblea la imprescriptible facultad de variar el siguiente:

Artículo 1. La religión Católica Apostólica es y será siempre la de Chile.

Artículo 2. El pueblo hará su Constitución por medio de sus representantes.

Artículo 3. Su Rey es Fernando VII, que aceptará nuestra Constitución en el modo mismo que la de la Península. A su nombre gobernará la Junta Superior Gubernativa establecida en la capital, estando a su cargo el régimen interior y las relaciones exteriores. Tendrá en cuerpo el tratamiento de excelencia, y sus miembros el de los demás ciudadanos. Serán tres que solo durarán tres años, removiéndose uno al fin de cada año, empezando por el menos antiguo. La presidencia turnará por cuatrimestres en orden inverso. No podrán ser reelegidos hasta los tres años. Todos serán responsables de sus providencias.

Artículo 4. Reconociendo el pueblo de Chile el patriotismo y virtudes de los actuales gobernantes, reconoce y sanciona su elección; más en el caso de muerte o renuncia, se procederá a la elección por medio de una suscripción en la capital, la que se remitirá a las provincias y partidos para que las firmen y sancionen. Las ausencias y enfermedades de los vocales se suplirán por el Presidente, y Decano del Senado.

Artículo 5. Ningún decreto, providencia u orden, que emane de cualquiera autoridad o tribunales de fuera del territorio de Chile, tendrá efecto alguno; y los que intentaren darles valor, serán castigados como reos de estado.

Artículo 6. Si los gobernantes (lo que no es de esperar) diesen un paso contra la voluntad general declarada en Constitución, volverá al instante el poder a las manos del pueblo, que condenará tal acto como un crimen de lesa Patria, y dichos gobernantes serán responsables de todo acto, que directa o indirectamente exponga al pueblo.

Artículo 7. Habrá un Senado compuesto de siete individuos, de los cuales el uno será Presidente, turnándose por cuatrimestres, y otro Secretario. Se renovará cada tres años, en la misma forma que los vocales de la junta. Sin su dictamen no podrá el Gobierno resolver en los grandes negocios que interesen la seguridad de la Patria; y siempre que lo intente, ningún ciudadano armado o de cualquiera clase deberán auxiliarlo ni obedecerle, y el que contraviniere, será tratado como reo de Estado. Serán reelegibles.

Artículo 8. Por negocios graves se entiende: imponer contribuciones; declarar la guerra; hacer la paz; acuñar moneda; establecer alianzas y tratados de comercio; nombrar enviados; trasladar tropas, levantarlas de nuevo; decidir las desavenencias de las provincias entre sí, o con las que están fuera del territorio; proveer los empleos de Gobernadores y jefes de todas clases; dar patentes de corso; emprender obras; crear nuevas autoridades; entablar relaciones exteriores; y alterar este Reglamento; y las facultades que no le están expresamente declaradas en esta Constitución, quedan reservadas al pueblo soberano.

Artículo 9. El Senado se juntará por lo menos dos veces en la semana, o diariamente si las circunstancias lo exigieren. Estará exento de la autoridad del Gobierno en el ejercicio de sus funciones.

Artículo 10. A la erección del Senado se procederá en el día por suscripción, como para la elección de los vocales del Gobierno. El Senado será representativo; correspondiendo dos a cada una de las provincias de Concepción y Coquimbo, y tres a la de Santiago. Por ahora los electos son suplentes.

Artículo 11. El Senado residenciará a los vocales de la junta, y los juzgará en unión del Tribunal de Apelaciones. Cualquiera del pueblo podrá acusarlos por traición, cohecho y otros altos crímenes; de los que siendo convencidos, los removerá el mismo Senado, y los entregará a la justicia ordinaria para que los castigue según las leyes. Promoverá la reunión del Congreso. Tres Senadores reunidos formarán el Senado. Llevará diarios de los negocios que se traten y de sus resoluciones, en inteligencia que han de ser responsables de su conducta.

Artículo 12. Los Cabildos serán electivos, y sus individuos se nombrarán anualmente por suscripción.

Artículo 13. Todas las corporaciones, jefes, magistrados, cuerpos militares, eclesiásticos y seculares, empleados y vecinos harán con la posible brevedad ante el Excmo. Gobierno juramento solemne de observar este Reglamento Constitucional, hasta la formación de otro nuevo en el Congreso Nacional de Chile, de obedecer al Gobierno y autoridades constituidas, y concurrir eficazmente a la seguridad y defensa del pueblo, bajo la pena de extrañamiento; y en el caso de contravención después de prestado el juramento, se impondrá a los trasgresores las penas de reos de alta traición. Los vocales del Gobierno prestarán igual juramento en la parte que les toca, en manos del Senado. En las capitales de las provincias y partidos se prestará el juramento ante los jueces territoriales, verificándolo éstos primero en los Cabildos.

Artículo 14. Para el despacho de los negocios habrán dos Secretarios, el uno para los negocios del reino, y el otro para las correspondencias de fuera.

Artículo 15. El Gobierno podrá arrestar por crímenes contra el Estado; pero el reo podrá hacer su ocurro al Senado, si dentro de tres días no se le hiciere saber la causa de su prisión, para que éste vea si la hay suficiente para continuarla.

Artículo 16. Se respetará el derecho que los ciudadanos tienen a la seguridad de sus personas, casas, efectos y papeles; y no se darán órdenes sin causas probables, sostenidas por un juramento judicial, y sin designar con claridad los lugares o cosas que se han de examinar o aprehender.

Artículo 17. La facultad judiciaria residirá en los tribunales y jueces ordinarios. Velará el Gobierno sobre el cumplimiento de las leyes y de los deberes de los magistrados, sin perturbar sus funciones. Queda inhibido de todo lo contencioso.

Artículo 18. Ninguno será penado sin proceso y sentencia conforme a la ley.

Artículo 19. Nadie será arrestado sin indicios vehementes de delito, o a lo menos sin una semi-plena prueba. La causa se hará constar antes de tres días perentorios: dentro de ellos se hará saber al interesado.

Artículo 20. No podrá estar alguno incomunicado después de su confesión, y se tomará precisamente dentro de diez días.

Artículo 21. Las prisiones serán lugares cómodos y seguros para la detención de personas, contra quienes existan fundados motivos de recelo, y mientras duren éstos; y de ningún modo servirán para mortificar delincuentes.

Artículo 22. La infamia afecta a las penas no será trascendental a los inocentes.

Artículo 23. La imprenta gozará de una libertad legal; y para que ésta no degenere en licencia nociva a la religión, costumbres y honor de los ciudadanos y del país, se prescribirán reglas por el Gobierno y Senado.

Artículo 24. Todo habitante libre de Chile es igual de derecho: solo el mérito y virtud constituyen acreedor a la honra de funcionario de la Patria. El español es nuestro hermano. El extranjero deja de serlo si es útil; y todo desgraciado que busque asilo en nuestro suelo, será objeto de nuestra hospitalidad y socorros, siendo honrado. A nadie se impedirá venir al país, ni retirarse cuando guste con sus propiedades.

Artículo 25. Cada seis meses se imprimirá una razón de las entradas y gastos públicos, y previa anuencia del Senado.

Artículo 26. Solo se suspenderán todas estas reglas invariables en el caso de importar a la salud de la Patria amenazada; pero jamás la responsabilidad del que las altere sin grave motivo.

Artículo 27. Este Reglamento Constitucional se remitirá a las provincias para que lo sancionen, y se observará hasta que los pueblos hayan manifestado sus ulteriores resoluciones de un modo más solemne, como se procurará a la mayor brevedad. Se dará noticia de esta Constitución a los Gobiernos vecinos de América, y a los de España.
Santiago y octubre 26 de 1812.

El Gobierno acepta el Reglamento Provisional que presenta el pueblo de esta capital, que subscribe. Espera en la tranquila elección de un Vocal de la Junta, que substituya al señor don Ignacio de la Carrera, que por su salud valetudinaria se retira, y de los miembros del Senado en que se afianza el acierto de las más justas intenciones, que es el objeto de esta resolución que inmediatamente se pasará a la sanción de las demás provincias. Reconocemos en la nueva confianza que supone gratos nuestros servicios un estímulo a los esfuerzos por sacrificarnos útilmente por la seguridad, decoro y felicidad de la Patria.

Proyecto de Constitución Provisoria de 1818

Proyecto de Constitución Provisoria de 1818
(Publicado en 10 de agosto de 1818, sancionado y jurado solemnemente el 23 de octubre del mismo el supremo director de Chile)

La obligación de corresponder dignamente a la confianza de mis conciudadanos, que me colocaron en el supremo mando, y el deseo de promover de todos modos la felicidad general de Chile, me dictaron el decreto de 18 de mayo, en que nombré una comisión, compuesta de los sujetos más acreditados por su literatura y patriotismo, para que me presentasen un proyecto de Constitución provisoria, que rigiese hasta la reunión del Congreso Nacional. Yo hubiera celebrado con el mayor regocijo, el poder convocar a aquel cuerpo constituyente, en vez de dar la comisión referida; pero no permitiéndolo las circunstancias actuales, me vi precisado a conformarme con hacer el bien posible. Un Congreso Nacional no puede componerse sino de los diputados de todos los pueblos, y por ahora sería un delirio mandar a aquellos pueblos que eligiesen sus diputados, cuando aun se halla la provincia de Penco, que tiene la mitad de la población de Chile, bajo el influjo de los enemigos. La nulidad sería el carácter más notable de aquel cuerpo constituyente, que se formase sobre un cimiento de agravios inferidos a la mitad de la Nación. La rivalidad de las provincias se seguiría por único resultado de las sesiones del Congreso. El desorden, en fin, y la guerra civil, tal vez, serían los frutos de una congregación extemporánea. Todavía tenemos a nuestra vista los fatales resultados de la división que engendró entre las provincias el Congreso anterior, a pesar de que sus vocales fueron nombrados en medio de una paz deliciosa.

Mi objeto en la formación de este proyecto de Constitución provisoria, no ha sido el de presentarla a los pueblos como una ley constitucional, sino como un proyecto, que debe ser aprobado o rechazado por la voluntad general. Si la pluralidad de los votos de los chilenos libres lo quisiese, este proyecto se guardará como una Constitución provisoria; y si aquella pluralidad fuese contraria, no tendrá la Constitución valor alguno. Jamás se dirá de Chile, que al formar las bases de su Gobierno, rompió los justos límites de la equidad; que puso sus cimientos sobre la injusticia; ni que se procuró constituir sobre los agravios de una mitad de sus habitantes.

No apruebo el método de la sanción propuesta en la advertencia de este proyecto, porque ninguna corporación, ni tribunal ni jefe del Estado, ha recibido hasta ahora del pueblo el derecho de representarle; antes bien, estando todos ellos empleados en servicio público, deben considerarse como unas partes más pasivas que activas, en el caso presente. Yo deseo examinar la voluntad general sobre el negocio que más interesa a la Nación; y para ello es necesario saber distintamente la voluntad de cada uno de los habitantes. Por tanto, y para acertar con el medio más pronto, más liberal y más justo, de consultar los votos de todos los pueblos libres del Estado, sobre si ha de regir o no la presente Constitución provisoria, se observará el reglamento siguiente:

Artículo 1. Después de impreso el Proyecto, se publicará por bando en todas las ciudades, villas y pueblos del Estado.

Artículo 2. En los cuatro días siguientes a la publicación, se recibirán las suscripciones de los habitantes en dos libros distintos, de los cuales uno llevará por epígrafe: Libro de suscripciones en favor del proyecto constitucional; y el otro, Libro de suscripciones contra el proyecto constitucional. En el primero firmarán los que quieran ser regidos por esta Constitución provisoria, y en el segundo, los que no.

Artículo 3. En todas las parroquias de todas las poblaciones habrá un libro de cada clase de las dos expresadas, en donde concurrirán a suscribirse los vecinos del pueblo, en presencia del cura, del juez del barrio y del escribano, si lo hubiese.

Artículo 4. Donde no hubiese escribano, hará sus funciones un vecino nombrado para el efecto por el cura y el juez, que deberán presenciar la suscripción.

Artículo 5. Serán hábiles para suscribir todos los habitantes, que sean padres de familia o que tengan algún capital, o que ejerzan algún oficio, y que no se hallen con causa pendiente de infidencia o de sedición. Serán inhabilitados todos aquellos que procuren seducir a otros, haciendo partidos, o tratando de violentar o de dividir la voluntad de los otros.

Artículo 6. Después de pasados los días señalados para la suscripción, se publicará en cada ciudad, villa o pueblo el resultado de ella, y se me dará cuenta por el conducto del Ministerio de Estado en el Departamento de Gobierno, acompañando los libros originales para archivarlos, después de haber dejado en cada parroquia, en poder del cura, una copia de ellos.

Artículo 7. La publicación del bando de que se habla en el **Artículo 1.º**, se hará al día siguiente de recibirse en el pueblo el proyecto constitucional, y al quinto día de aquella publicación, se deberá remitir el resultado, por extraordinario, a esta capital, conforme se previene en el **Artículo** anterior.

Artículo 8. Si el mayor número de suscriptores fuese contrario al proyecto, quedará sin valor alguno. Si fuese en favor de él, lo aceptaré como una Constitución provisoria, y entonces tendrá lugar el juramento de que se hace mención en la advertencia puesta al fin del proyecto.

Artículo 9. Para el caso de ser sancionada esta Constitución provisoria por la voluntad general, y deseando que también lo sea el nombramiento del Senado, elijo condicionalmente por Senadores al Gobernador del Obispado de Santiago don José Ignacio Cienfuegos, al Gobernador Intendente de esta capital don Francisco de Borja Fontecilla, al Decano del Tribunal de Apelaciones don Francisco Antonio Pérez, a don Juan Agustín Alcalde y a don José María Rozas; por suplentes, a don Martín Calvo Encalada, a don Javier Errázuriz, a don Agustín Eyzaguirre, a don Joaquín Gandarillas y a don Joaquín Larraín.

Imprímase a la cabeza del proyecto constitucional, para que, publicándose por bando en todas las ciudades, villas y pueblos del Estado, surta los efectos convenientes.

Dado en el Palacio Directorial de Santiago de Chile, a 10 días del mes de agosto del año de 1818.

Bernardo O'Higgins. -Antonio José de Irisarri.

EN EL NOMBRE DE DIOS OMNIPOTENTE, CREADOR Y SUPREMO LEGISLADOR.

Título I. De los derechos y deberes del hombre en
sociedad

Capítulo I. De los derechos del hombre en sociedad

Artículo 1. Los hombres por su naturaleza gozan de un derecho inajenable e inamisible a su seguridad individual, honra, hacienda, libertad e igualdad civil.

Artículo 2. Ninguno debe ser castigado o desterrado, sin que sea oído y legalmente convencido de algún delito contra el cuerpo social.

Artículo 3. Todo hombre se reputa inocente, hasta que legalmente sea declarado culpado.

Artículo 4. El hombre que afianza la existencia de su persona y bienes, a satisfacción del juez, con una seguridad suficiente, no debe ser preso ni embargado, a no ser que sea por delito que merezca pena aflictiva.

Artículo 5. La casa y papeles de cada individuo son sagrados, y, esta ley solo podrá suspenderse en los casos urgentes en que lo acuerde el Senado.

Artículo 6. Un juez que mortifica a un preso más de lo que exige su seguridad y entorpece la breve conclusión de su causa es un delincuente, como igualmente los magistrados que no cuidan del aseo de las cárceles, alimento, y el alivio de los presos.

Artículo 7. Ninguno puede ser vulnerado en su honra y buena opinión, que haya adquirido con la rectitud de sus procedimientos.

Artículo 8. Solo será castigado con la pena infame de azotes, el que por la repetición o publicidad de sus delitos, haya perdido la honra, y el juez que esto no observe será responsable.

Artículo 9. No puede el Estado privar a persona alguna de la propiedad y libre uso de sus bienes, si no lo exige la defensa de la Patria, y aun en ese caso, con la indispensable condición de un rateo proporcionado a las facultades de cada individuo, y nunca con tropelías e insultos.

Artículo 10. A ninguno se le puede privar de la libertad civil, que consiste en hacer todo lo que no daña a la religión, sociedad o a sus individuos, y en fijar su residencia en la parte que sea de su agrado, dentro o fuera del Estado.

Artículo 11. Todo hombre tiene libertad para publicar sus ideas y examinar los objetos que están a su alcance, con tal que no ofenda a los derechos particulares de los individuos de la sociedad, a la tranquilidad pública y Constitución del Estado, conservación de la religión cristiana, pureza de su moral y sagrados dogmas; y en su consecuencia, se debe permitir la Libertad de imprenta, conforme al reglamento que para ello formará el Senado o Congreso.

Artículo 12. Subsistirá en todo vigor la declaración de los vientres libres de las esclavas, dada por el Congreso, y gozarán de ella todos los de esta clase nacidos desde su promulgación.

Artículo 13. Todo individuo de la sociedad tiene incontestable derecho a ser garantido en el goce de su tranquilidad y felicidad por el Director Supremo y demás funcionarios públicos del Estado, quienes están esencialmente obligados a aliviar la miseria de los desgraciados y proporcionarles a todos los caminos de la prosperidad.

Artículo 14. No hay pena trascendental para el que no concurrió al delito.

Artículo 15. Es injusta la pena dirigida a aumentar la sensibilidad y dolor físico.

Artículo 16. Deben evitarse las penas de efusión de sangre en cuanto lo permita la seguridad pública.

Artículo 17. Todo juez puede ser recusado con arreglo a las leyes.

Capítulo II. De los deberes del hombre social

Artículo 1. Todo hombre en sociedad, para afianzar sus derechos y fortuna, debe una completa sumisión a la Constitución del Estado, sus estatutos y leyes, haciendo lo que ellos prescriben, y huyendo de lo que prohíben.

Artículo 2. Debe obedecer, honrar y respetar a todos los magistrados y funcionarios públicos, como ministros de la ley y primeros ciudadanos.

Artículo 3. Debe igualmente ayudar con alguna porción de sus bienes para los gastos ordinarios del Estado; y en sus necesidades extraordinarias y peligros, debe sacrificar lo más estimable por conservar su existencia y libertad.

Artículo 4. Está obligado a dirigir sus acciones respecto de los demás hombres, por aquel principio moral: No hagas a otro lo que no quieres hagan contigo.

Artículo 5. Todo individuo que se gloríe de verdadero patriota, debe llenar las obligaciones que tiene para con Dios y los hombres, siendo virtuoso, honrado, benéfico, buen padre de familia, buen hijo, buen amigo, buen soldado, obediente a la ley y funcionario fiel, desinteresado y celoso.

Título II. De la religión del Estado

Capítulo único

La religión Católica, Apostólica, Romana es la única y exclusiva del Estado de Chile. Su protección, conservación, pureza e inviolabilidad, será uno de los primeros deberes de los jefes de la sociedad, que no permitirán jamás otro culto público ni doctrina contraria a la de Jesucristo.

Título III. De la potestad legislativa

Capítulo I

Artículo único. Perteneciendo a la Nación chilena reunida en sociedad, por un derecho natural e inamisible, la soberanía o facultad para instalar su Gobierno y dictar las leyes que le han de regir, lo deberá hacer por medio de sus Diputados reunidos en Congreso; y no pudiendo esto verificarse con la brevedad que se desea, un Senado sustituirá, en vez de leyes, reglamentos provisionales en la forma que más convenga para los objetos necesarios y urgentes.

Capítulo II. De la elección, número y cualidad de los Senadores

Artículo 1. El Supremo Director, con arreglo a lo que se previene en el **Artículo** 8 de este Capítulo, elegirá los vocales del Senado, que serán cinco, y uno de ellos Presidente, turnando por cuatrimestres.

Artículo 2. Se nombrarán también cinco suplentes, elegidos en la misma forma, para que por el orden de sus nombramientos entren a ejercer el cargo de los propietarios en ausencia, enfermedades u otro cualquier impedimento.

Artículo 3. Los vocales del Senado gozarán del sueldo anual de dos mil pesos, y si obtuvieren algún otro de igual cantidad por empleo público, en servicio de la Nación, elegirán el que les convenga, y si fuere menor, recibirán el aumento hasta llenar la cuota designada.

Artículo 4. Habrá un Secretario con voto consultivo, y un portero, elegidos por el Senado, con la dotación que acordase con el Director, la que se pagará de los fondos del Estado, como asimismo los gastos de la oficina, con arreglo a las razones que pasarán firmadas por el Presidente y Secretario.

Artículo 5. El Senado tendrá tratamiento de Excelencia; los Senadores serán inviolables; sus causas serán juzgadas por una comisión, que con este objeto nombrará dicho Senado.

Artículo 6. Sus sesiones serán dos veces en cada semana, en los días que acordasen, siendo privativo del Presidente señalar las horas de entrada y salida.

Artículo 7. También será facultativo al Presidente convocar a sesiones extraordinarias, en los días y horas que las circunstancias ocurrentes lo exijan, o porque lo pida alguno de los vocales con causa.

Artículo 8. Los Senadores deberán ser ciudadanos mayores de treinta años, de acendrado patriotismo, de integridad, prudencia, sigilo, amor a la justicia y bien público. No podrán serlo los Secretarios de Gobierno, ni sus dependientes, ni los que inmediatamente administran intereses del Estado.

Capítulo III. Atribuciones del Senado

Artículo 1. El instituto del Senado es esencialmente celar puntual observancia de esta Constitución.

Artículo 2. La infracción de la Constitución por algún cuerpo o ciudadano, será reclamada por el Senado al Director Supremo, quien deberá atenderla bajo su responsabilidad.

Artículo 3. En todas las ciudades y villas del Estado habrá
un Censor elegido por su respectivo Cabildo, y con asiento
después de los alcaldes, el que en toda aquella jurisdicción
cuidará como el Senado en todo el Estado, de la observancia
de esta Constitución, conforme a los dos artículos anteriores;
y en las transgresiones que notase, así en los funcionarios del
pueblo corno del campo, oficiará por primera y segunda vez
al Gobernador o Teniente para su remedio, y en caso que
éstos no lo hagan eficazmente, dará parte al Senado.

Artículo 4. Sin el acuerdo del Senado a pluralidad de votos, no se podrán resolver los grandes negocios del Estado,
como imponer contribuciones, pedir empréstitos, declarar
la guerra, hacer la paz, formar tratados de alianza, comercio, neutralidad; mandar embajadores, cónsules, diputados
o enviados a potencias extranjeras; levantar nuevas tropas
o mandarlas fuera del Estado, emprender obras públicas y
crear nuevas autoridades o empleos.

Artículo 5. Estará autorizado el Senado para limitar, añadir
y enmendar esta Constitución provisoria, según lo exijan las
circunstancias.

Artículo 6. Toda nueva ley o reglamento provisional que
haga el Senado; toda abolición de las leyes incompatibles,
con nuestra independencia: toda reforma o nuevo establecimiento en los diferentes cuerpos, institutos, departamentos
y oficinas del Estado, como también las adiciones, y correc-
ciones de los reglamentos que han regido y rigen, se consultarán, antes de publicarlos, con el Supremo Director, quien
en el término de ocho días, a más tardar, deberá expresar su

consentimiento o disenso para su publicación, exponiendo oficialmente al Senado las razones fundamentales de su oposición. En el caso de aprobación, se publicará inmediatamente el nuevo reglamento, adición, etc., en la forma siguiente: «El Excmo. Supremo Director del Estado de Chile, de acuerdo con el Excmo. Senado». En el de disenso renovará el Senado, si lo tuviese por conveniente, la presentación del nuevo reglamento, adición, etc., al Director Supremo, con las razones que desvanezcan la oposición; y si éste disiente, en el mismo término se reverá el proyecto por el Senado, el que, si presentado la tercera vez fuere repulsado, se publicará en la forma siguiente: «El Excmo. Supremo Director del Estado, habiendo recibido del Excmo. Senado la resolución siguiente».

Artículo 7. En los casos particulares que ocurran sobre la inteligencia de lo ya establecido o que nuevamente se estableciese, o defecto de prevención en cualquier estatuto, reglamento, etc., que el Senado diese, resolverá él por sí solo las dudas, sin las consultas de que habla el **Artículo** antecedente.

Artículo 8. Tendrá el Senado especialísimo cuidado de fomentar en la capital y en todas las ciudades y villas, el establecimiento de escuelas públicas e institutos o colegios, donde sea formado el espíritu de la juventud por los Principios de la religión y de las ciencias.

Artículo 9. Deberá nombrar una comisión, compuesta de uno de sus vocales y dos individuos del Tribunal de Apelaciones, para que con toda integridad y la brevedad posible, tomen residencia a todos los empleados del Estado, que por delito o sin él terminan la carrera de sus funciones políticas.

Artículo 10. Será privativo del Senado, cuando juzgue oportuno indicar el tiempo y señalar el día, la apertura del Congreso; y formará el reglamento para la elección de Diputados.

Artículo 11. Por muerte, renuncia o delito probado en juicio legal de alguno de los vocales del Senado, pertenecerá a éste elegir el sucesor a pluralidad de votos, el que deberá ser del número de los suplentes, si algunas graves circunstancias no exigen lo contrario.

Artículo 12. Si discordasen en igualdad de votos los cuatro restantes miembros del Senado, se decidirá por el Director Supremo.

Título IV. Del Poder Ejecutivo

Capítulo I. De la elección y facultades del Poder Ejecutivo

Artículo 1. El Supremo Director del Estado ejercerá el Poder Ejecutivo en todo su territorio. Su elección ya está verificada, según las circunstancias que han ocurrido; pero en lo sucesivo se deberá hacer sobre el libre consentimiento de las provincias, conforme al reglamento que para ello formará la potestad legislativa.

Artículo 2. Recaerá la elección precisamente en ciudadano chileno de verdadero patriotismo, integridad, talento, desinterés, opinión pública y buenas costumbres.

Artículo 3. El sueldo del Director Supremo será el que actualmente goza. Será facultativo al Senado alimentarlo o disminuirlo oportunamente; pero no gozará algún otro emolumento ni derecho.

Artículo 4. Su tratamiento será el de Excelencia: sus honores los de Capitán General de ejército, conforme a las ordenanzas militares, guardándose en las concurrencias públicas el ceremonial que deberá formar el Senado o Congreso.

Artículo 5. El mando y organización de los ejércitos, armada y milicias, el sosiego público y la recaudación, economía y arreglada inversión de los fondos nacionales, son otras tantas atribuciones de su autoridad.

Artículo 6. Nombrará los embajadores, cónsules, diputados o enviados para las naciones y potencias extranjeras, con acuerdo del Senado sobre la necesidad, o conveniencia de su misión, como se previene en el Título III, Capítulo III, **Artículo** 4.º de esta Constitución; pero la elección de las personas será privativa del Director, el que igualmente recibirá todos los que de esta clase viniesen a este Estado.

Artículo 7. Podrá con éstos, por sí solo y su respectivo Secretario, y por el órgano de sus embajadores, diputados, etc., en las potencias extranjeras entablar y seguir negociaciones, tener sesiones, hacer estipulaciones preliminares sobre tratados de treguas, paz, alianza, comercio, neutralidad y otras convenciones; pero para la conclusión y resolución, deberá acordar con el Senado, como se ha dicho en el Título III, Capítulo III, **Artículo** 4.º de esta Constitución.

Artículo 8. Procurará mantener la más estrecha alianza con el Gobierno Supremo de las Provincias Unidas del Río de la Plata, a que concurrirá eficazmente el Senado por la importancia de nuestra recíproca unión.

Artículo 9. Cuidará del fomento de la población, del de la agricultura, industria, comercio y minería, arreglo de correos, postas y caminos.

Artículo 10. Es privativo del Supremo Poder Ejecutivo el nombramiento de los Secretarios de Estado, de Gobierno, Hacienda y Guerra, quien será responsable del nombramiento, como éstos de sus respectivos empleos.

Artículo 11. La provisión de empleos de cualesquiera ramo que sean, y que no estén exceptuados en esta Constitución provisoria, la hará a propuesta de los respectivos jefes del cuerpo a que correspondan, por escala de antigüedad y servicios, publicándose dicha propuesta en la oficina o departamento, ocho días antes de remitirla al Director; quedando así a los agraviados franco el recurso de sus derechos a la autoridad que corresponda, y se deberá expresar en el despacho o nombramiento la indispensable calidad de propuesta, sin la cual no se tomará razón en el Tribunal de Cuentas y oficinas, ni se acudirá con el sueldo al que de otro modo fuere provisto; y en el caso que alguno justamente deba ser postergado, lo significará el jefe en su propuesta.

Artículo 12. Los colegas y demás funcionarios públicos, que deban tener la calidad de letrados, serán nombrados por el

Director a propuesta en terna, que harán las respectivas Cámaras de Apelaciones.

Artículo 13. La duración de todo empleo, a no ser de los exceptuados en esta Constitución, será la de su buena comportación, y deberá ser removido, siendo inepto o delincuente con causa probada y audiencia suya.

Artículo 14. Los recursos de esta naturaleza y los de que habla el **Artículo** 11 de este Capítulo, se harán por los interesados a la Junta compuesta del Presidente del Tribunal de Apelaciones, con el Contador Mayor, Ministro más antiguo del Erario y el Fiscal, quedando concluida con la determinación de esta Junta toda instancia, sin más recurso, y procediéndose en ello sumariamente.

Artículo 15. Esta misma Junta conocerá en grado de apelación, los pleitos sobre contrabandos y demás ramos de hacienda, observando en la sustanciación, la disposición de las leyes no revocadas.

Artículo 16. Tendrá el Director especial cuidado de extinguir las divisiones intestinas, que arruinan los Estados, y fomentar la unión que los hace impenetrables y felices.

Artículo 17. Cuidará con especialidad de mantener el crédito de los fondos del Estado, consultando eficazmente su recaudación y el que se paguen con fidelidad las deudas en cuanto lo permitan la existencia de caudales y atenciones públicas.

Artículo 18. Hará pasar al Senado cada mes una razón prolija, que demuestre por clases y ramos los ingresos, las inversiones y existencias de dichos fondos.

Artículo 19. Teniendo el Director la superintendencia general de todos los ramos y caudales del Estado, de cualquiera clase y naturaleza que sean, se arreglará por ahora a las disposiciones y ordenanzas que actualmente rigen.

Artículo 20. Las causas contenciosas de cualquiera clase que sean, las remitirá a los Tribunales de Justicia a que correspondan; pero las sentencias contra el Fisco no serán ejecutadas sin mandato expreso del Director.

Artículo 21. Podrá confirmar o revocar con arreglo a ordenanza, en último grado, las sentencias dadas contra los militares en los consejos de guerra.

Artículo 22. Tendrá facultad de suspender las ejecuciones capitales ordenadas, y conceder perdón o conmutación de pena.

Artículo 23. En caso de renuncia o muerte, entrará a reemplazar su lugar, hasta la celebración del Congreso, el que inmediatamente nombrará el Senado.

Artículo 24. En el de ausencia de la capital, por más de ocho días (lo que nunca podrá hacer sin acuerdo del Senado), enfermedad u otro impedimento legítimo, que le embarace el desempeño de sus deberes y despacho de los negocios públicos, hará sus veces para lo diario y urgente el Gobernador

Intendente, sin más distinciones de las que corresponden a su empleo. Pero si saliese del Estado, reemplazará su lugar, durante su ausencia, el que el Director nombre de acuerdo con el Senado.

Capítulo II. Límites del Poder Ejecutivo

Artículo 1. No podrá intervenir en negocio alguno judicial, civil o criminal contra persona alguna de cualquiera clase o condición que sea, ni por vía de apelación, ni alterar el sistema de administración de justicia, ni entender en los recursos de fuerza, que serán peculiares al Tribunal de Apelaciones.

Artículo 2. Cuando la urgencia del caso obligue a arrestar alguna persona, deberá ponerla dentro de veinticuatro horas a disposición de los respectivos magistrados de justicia, con toda la independencia que corresponde al Poder Judicial, pasándoles los motivos para su juzgamiento.

Artículo 3. No presentará para las raciones, canonjías o prebendas, sino aquellas personas que hayan servido ejemplarmente, por lo menos seis años, en algún curato del Estado, precediendo el informe del Diocesano, Cabildo Eclesiástico, y demás personas que juzgue oportuno; y los ascensos en los Cabildos Eclesiásticos, se proveerán por la escala de antigüedad y servicio. Pero si concurriesen algunas graves circunstancias o conveniencias de Estado, podrá el Director presentar para las vacantes y ascensos sin aquellos requisitos.

Artículo 4. No podrá dar empleo alguno político, ni presentar para algún beneficio eclesiástico, sino a los ciudadanos chilenos residentes en el Estado.

Artículo 5. Si las circunstancias políticas, méritos contraídos
en el Estado, relaciones extranjeras, cualidades recomenda-
bles de ciencia, etc., exigiesen colocar en algunos empleos de
los referidos en el **Artículo** anterior, a los que no fueren ciudadanos chilenos, o que aun siéndolo se duda de su opinión
política, podrá hacerlo con acuerdo del Senado.

Artículo 6. No expedirá orden ni comunicación alguna, sin
que sea suscrita del respectivo Secretario del Departamento a
que corresponde el negocio, so cargo de que no deberán ser
obedecidas.

Artículo 7. No podrá variar las ordenanzas que han regido
y rigen en los cuerpos, departamentos y oficinas de todos los
ramos del Estado. Si los jefes de ellos, enseñados por la experiencia, estuviesen plenamente convencidos de la necesidad
de alguna reforma, ocurrirán al Senado, el que no innovará
cosa alguna, si no tiene pleno conocimiento de la necesidad
del remedio; y en este caso procederá conforme a lo prevenido en el Título III, Capítulo III, **Artículo** 6.°

Artículo 8. No podrá en ningún caso por sí solo interceptar
la correspondencia epistolar de los ciudadanos, que debe res-
petarse como sagrada; y cuando por la salud general y bien
del Estado, fuese preciso la apertura de alguna correspondencia, lo verificará a presencia del Fiscal, Procurador General
de la ciudad y Administrador de Correos, los que deberán
hacer juramento de secreto.

Capítulo III. De los departamentos o Secretarías del Poder
Ejecutivo

Artículo 1. Los tres Ministros o Secretarios de Estado, Hacienda y Guerra, entenderán en todos los negocios relativos a sus destinos con aquella fidelidad, integridad y prudencia, que exige el bien de la sociedad y el honor del Director.

Artículo 2. No podrán por sí solos en ningún caso, dictar providencia alguna sin previo mandato y anuencia del Director, y cuantas órdenes comunicasen por escrito a su nombre a las corporaciones, magistrados, oficinas o individuos particulares, quedarán estampadas en el libro de acuerdos, y autorizadas en él con la rúbrica de aquél.

Artículo 3. Ninguno de los Secretarios podrá autorizar órdenes, decretos o providencias, contrarias a esta Constitución provisoria, so cargo de infidelidad al Estado y responsabilidad.

Artículo 4. Serán amovibles a voluntad del Director, como igualmente los oficiales de las Secretarías; pero esta separación no inferirá nota a sus personas, no siendo por delito probado en juicio formal; y deberán los separados ser atendidos para otros destinos conforme a su capacidad y méritos.

Capítulo IV. De los Gobernadores de Provincias y sus
tenientes

Artículo 1. El Estado de Chile se halla dividido por ahora en tres provincias: la capital, Concepción y Coquimbo.

Artículo 2. La jurisdicción de cada Gobernador Intendente es extensiva a todo su distrito, y sus Tenientes Gobernadores deben sujetarse a éstos como a sus inmediatos jefes, en materias de gobierno, y que se dirigen a la seguridad, bien y felicidad del Estado.

Artículo 3. Los Gobernadores Intendentes y sus Tenientes son unos jueces ordinarios, a cuyo conocimiento pertenecen los negocios contenciosos, y deberán dirigirse por el código respectivo, en lo que no se oponga a esta Constitución, ni al sistema establecido; pues en este caso se consultará con el Senado.

Artículo 4. Será privativo de los Gobernadores Intendentes el conocimiento de las causas de policía y hacienda, que resolverán en primera instancia.

Artículo 5. Propondrán al Director Supremo un Asesor y Secretario para el despacho.

Artículo 6. Quedará el Asesor sujeto a residencia, como los Gobernadores y Tenientes, conforme a lo prevenido en el Título III, Capítulo III, **Artículo** 9.º de esta Constitución.

Artículo 7. Las apelaciones de las Intendencias en causas contenciosas de policía, se dirigirán a la Cámara de justicia; y en las de hacienda a la Junta Superior, sin que en caso alguno puedan ocurrir al Director en negocios de justicia.

Artículo 8. Aunque los Tenientes Gobernadores son subalternos de los Intendentes de provincia, no por eso pueden éstos conocer en los agravios que aquéllos hagan en su administración, y debe toda especie de recursos contenciosos dirigirse a la Cámara de Apelaciones.

Artículo 9. A los Tenientes Gobernadores corresponde el nombramiento de los jueces diputados de su partido, y observarán escrupulosamente la conducta de éstos y sus celadores, a fin de hacerlos cumplir con sus deberes, y que no sean oprimidos los pobres, cuya indigencia exige con preferencia la protección de los Gobiernos.

Artículo 10. Deberán observar la mejor armonía con los párrocos y jueces eclesiásticos, auxiliándolos y protegiéndolos según lo exijan las circunstancias.

Capítulo V. De la elección de los subalternos del Poder Ejecutivo

Artículo 1. La capital y todas las ciudades y villas del Estado, luego que el Senado de acuerdo con el Director lo tengan por conveniente, harán la elección de sus Gobernadores, Tenientes y Cabildos, conforme al reglamento que para este efecto deberá metodizar el Senado.

Artículo 2. Los Gobernadores militares de Valparaíso, Talcahuano y Valdivia, serán elegidos por el Director, y durarán igualmente tres años en sus empleos.

Capítulo VI. De los cabildos

Artículo 1. Los Gobernadores y Tenientes tratarán a los Cabildos con la atención debida. Ninguno de sus individuos podrá ser arrestado o preso, sino por orden expresa del Supremo Director, quien solo la podrá librar en materias de Estado, y en las de justicia la Cámara o Tribunal de Apelaciones;

pero si la naturaleza de la causa exigiese un pronto remedio, se le arrestará por la autoridad competente en lugar decente y seguro, y avisará inmediatamente al Director.

Artículo 2. Los Cabildos deberán fomentar el adelantamiento de la población, industria, educación de la juventud, hospicios, hospitales y cuanto sea interesante al beneficio público.

Artículo 3. Será privativa de ellos la recaudación y depósito de los propios de las ciudades y villas, que se deberán invertir en beneficio público, conforme a las necesidades ocurrentes y reglamentos que actualmente rigen; y en el caso que la utilidad común exija nuevos gastos en obras públicas, informarán al Supremo Gobierno, donde reside la superintendencia.

Artículo 4. Corresponderá también a los Cabildos la policía urbana, de que queda exonerado el juez subalterno de alta policía.

Artículo 5. El Cabildo de la capital elegirá asesor y secretario del cuerpo, que podrán ser confirmados, o no, por el Director.

Artículo 6. Elegirán asimismo dos asesores letrados, uno para cada alcalde ordinario, con quinientos pesos de sueldo, que se pagarán de los propios de la ciudad.

Artículo 7. Éstos asistirán diariamente al juzgado en las horas de despacho, a oír y dar dictamen en los juicios verbales, asistir a la formación de las causas criminales, y dictar providencias en los negocios contenciosos por escrito, sin exigir de las partes derechos de asesoría.

Artículo 8. Si alguno de estos asesores fuese recusado, entrará el otro en su lugar, y si éste lo fuese igualmente, pagará el recusante íntegros los derechos del que fuese nombrado.

Artículo 9. En caso de impedimento legal de los asesores, satisfarán ambos al que el juez eligiere.

Artículo 10. En cada elección de nuevo Cabildo, se hará igualmente la de estos asesores, pero no habrá impedimento para que sean reelegidos, si su buena comportación y crédito los hiciese acreedores a ello.

Artículo 11. Tendrán los asesores asiento en Cabildo después de él, y su voto informativo en aquellos acuerdos a que fuesen llamados.

Título V. De la autoridad judicial

Capítulo I. De la esencia y atribuciones de esta autoridad

Artículo 1. Reside la autoridad judicial en el Supremo Tribunal Judiciario, que se deberá formar en la actual Cámara de Apelaciones, y en todos los juzgados subalternos que se hallan establecidos en el Estado y estableciera el Congreso Nacional.

Artículo 2. Integridad, amor a la justicia, desinterés, literatura y prudencia deben ser las cualidades características de los miembros del Poder judicial, quienes ínterin se verifica la reunión del Congreso, juzgarán todas las causas por las leyes, cédulas y pragmáticas que hasta aquí han regido, a excepción de las que pugnan con el actual sistema liberal de gobierno. En este caso consultarán con el Senado, que proveerá de remedio.

Capítulo II. Del supremo tribunal judiciario

Artículo 1. Se compondrá el Supremo Tribunal Judiciario de cinco Ministros, de los cuales uno será Presidente, y el Fiscal lo será el del Crimen de la Cámara, que no puede tener impedimento legal en los recursos que allí se eleven.

Artículo 2. Los relatores y porteros de la Cámara, como sus escribanos, lo serán igualmente de este Tribunal.

Artículo 3. El nombramiento de los individuos que han de componer este Tribunal, corresponde al Director del Estado en su creación, y en vacantes ha de preceder propuesta en terna del cuerpo, en la que la colocación numeral no arguye preferencia.

Artículo 4. Deberá en los propuestos ser atendida la mayor idoneidad, mérito y antigüedad; sin que pueda obtener lugar quien no sea abogado recibido, y hubiere ejercido su oficio el término de seis años.

Artículo 6. El tratamiento de este cuerpo será el de Excelencia.

Artículo 7. Su duración será conforme a lo dispuesto en el **Artículo** 13.°, Capítulo I, Título IV de esta Constitución. Las causas de sus miembros serán juzgadas por una comisión nombrada para el efecto por el Tribunal.

Artículo 8. La familia del que no fuere depuesto con causa, gozará del montepío establecido en esta clase de empleados.

Artículo 9. El ejercicio de este Tribunal será conocer en los recursos de segunda suplicación y otros extraordinarios, que se interpongan legalmente de las sentencias de la Cámara de Apelaciones y Tribunales de Hacienda, Alzadas de Minería y Consulado.

Artículo 10. Queda abolido el reglamento hecho para estos recursos; y se observará, ínterin por el Congreso Nacional se forma un nuevo reglamento, lo dispuesto por las leyes que hasta esta época rigen, a excepción, que por el fácil adito de estos recursos, deberá en todos remitirse el proceso original sin precedente compulsa, y en ninguno ejecutarse las sentencias antes que sean confirmadas por este Supremo Tribunal.

Artículo 11. Antes de su instalación, podrá suplirse su falta elevándose los recursos de los Tribunales de Alzadas de Minería y Consulado, a la Cámara de Apelaciones, y los de ésta al Supremo Director; y para su resolución serán jueces los asesores del Consulado y Minería, el letrado o letrados, que ocuparen los Ministerios del Supremo Gobierno, y los demás que eligiese éste hasta el número de cinco.

Artículo 12. Las sentencias de este Supremo Tribunal irán suscritas en primer lugar por el Director, y ejecutadas sin recurso de gracia ni de justicia.

Artículo 13. La comisión, antes de instalarse el Tribunal, concluido el acto del juzgamiento quedará disuelta; y la parte recurrente, en caso de no obtener, satisfará a cada uno de los jueces nombrados, que no fuere de los rentados, los derechos establecidos para los asesores, y por mitad entre ambos litigantes, cuando la sentencia alzada se varíe.

Capítulo III. De la Cámara de apelaciones

Artículo 1. La Cámara de Apelaciones tiene su jurisdicción en todo el distrito del Estado.

Artículo 2. Se compondrá de cuatro individuos, de los cuales el que la preside se nombrará Regente, y le corresponderán todas las funciones detalladas a este empleo en su respectivo reglamento.

Artículo 3. Entre los tres vocales restantes se distribuirán los demás juzgados, según lo dispuesto por las leyes que hasta ahora se han observado.

Artículo 4. Aunque al Regente corresponda la decisión de competencias entre justicias inferiores, si las autoridades superiores tuvieren alguna duda sobre sus respectivas facultades, se deslindará ésta por el Supremo Poder Judiciario con audiencia de su Fiscal.

Artículo 5. La Cámara tendrá dos Fiscales, uno para lo civil y otro para lo criminal, y éste desempeñará la fiscalía del Supremo Tribunal Judiciario, conforme a lo dispuesto en el **Artículo** 1.º, Capítulo II, de este Título.

Artículo 6. Habrá un Agente Fiscal, que lo sea en lo civil y criminal para las justicias ordinarias; sirviendo los Fiscales por sí mismos en el despacho de la Intendencia y Tribunales Superiores.

Artículo 7. El nombramiento de estos empleos vacantes, en lo sucesivo, corresponde al Director, y se hará a propuesta de la Cámara en los mismos términos y bajo las reglas establecidas en el **Artículo** 4 del Capítulo precedente.

Artículo 8. La duración de estos empleos será la misma que en el Tribunal Judiciario, y de consiguiente el goce del montepío correspondiente a sus familias.

Artículo 9. El sueldo del Regente, vocales y agentes fiscales, será el que designe el Director Supremo.

Artículo 10. Tendrá la Cámara dos Relatores, y su dotación será la que designe el Supremo Director, y no se exigirán derechos a los litigantes por las relaciones.

Artículo 11. Cada Relator tendrá un escribiente dotado. Tendrán preferencia a este empleo los practicantes, y les servirá de abono y méritos para recibirse de abogados.

Artículo 12. Habrá dos escribanos de Cámara en los mismos términos que hasta ahora, quienes no pagarán por estos oficios pensión alguna, ni exigirán a las partes otros derechos que los de su actuación por arancel y las tiras de lo que ante ellos se actuare.

Artículo 13. Habrá un portero dotado, sin que exija derechos algunos a los litigantes, ni de los permitidos hasta lo presente.

Artículo 14. Habrá seis procuradores de número, seis escribanos públicos, y otros tantos receptores; y los archivos se distribuirán entre aquéllos proporcionalmente, y se arreglarán los aranceles por el vocal menos antiguo de la Cámara, a quien del propio modo corresponde la visita anual de estos oficios, cuyo cumplimiento se encarga a los Tribunales de Justicia.

Artículo 15. La Cámara conocerá, como hasta aquí, de todo juicio entre partes, aunque sea gubernativo, siempre que se haga contencioso, arreglándose en todo a lo dispuesto por el derecho común y leyes que actualmente rigen, ínterin se establece un nuevo Código.

Artículo 16. Conocerá en los recursos de fuerza como lo hacen las Audiencias, y despachará los votos consultivos del Gobierno.

Artículo 17. Queda abolido el juzgado de provincia, que turnaba entre los camaristas; y en los juicios civiles de menor cuantía no habrá apelación de las providencias.

Artículo 18. En los pleitos de menor cantidad de unos mil pesos, dos sentencias conformes de grado en grado, se ejecutarán sin recurso.

Artículo 19. Las sentencias de jueces ordinarios inferiores, en causas criminales, que sean de muerte o aflictivas, no podrán ejecutarse sin aprobación de la Cámara.

Artículo 20. Ningún ciudadano podrá ser preso sin precedente semiplena probanza de su delito, y antes de ocho días debe hacérsele saber la causa de su prisión, tomársele su confesión y ponerse comunicado si no es que lo embarace alguna justa causa; y en este caso debe ponerse en su noticia este motivo.

Artículo 21. No deberá esta inmunidad tener lugar cuando haya algún peligro inminente de la Patria.

Artículo 22. Ningún ciudadano ha de ser asegurado con prisiones, si no se recela su fuga.

Artículo 23. Tampoco podrán embargársele más bienes que los precisos para responder por el delito, y si fuere de calidad, que exija alguna pena pecuniaria.

Artículo 24. Se formarán como hasta aquí se ha observado las causas criminales; a excepción que no se recibirá juramento a los reos para sus confesiones y cargos, careos ni otras diligencias que tengan tendencia a indagar de ellos mismos sus delitos; y la pena infame aplicada a un delincuente, no será trascendental a su familia o descendencia.

Artículo 25. Deberá establecerse un juzgado de paz, y en el ínterin lo será todo juez de primera instancia, que antes de darle curso, llamará a las partes y tratará de reducirlas a una transacción o compromiso extrajudicial; y poniéndose cons-

tancia de no haber tenido efecto esta diligencia, solo correrá
la demanda.

Artículo 26. Todo decreto que se notifique a las partes, se
suscribirá por ellas mismas, a excepción de los que se publi-
caren en los Tribunales Superiores.

Advertencia

Esta Constitución provisoria se sancionará por todos los
Cabildos del Estado, las autoridades, corporaciones, jefes y
cuerpos militares, y se jurará en la forma siguiente: «Juro por
Dios Nuestro Señor, y estos Santos Evangelios, que cumpliré
y observaré fiel y legalmente en la parte que me toca, todo
cuanto se contiene y ordena en esta Constitución provisoria.
Si así lo hiciere, Dios me ayude, y si no, Él y la Patria me
hagan cargo».

Esto mismo se practicará en todas las ciudades y villas del
Estado; para cuyo efecto se mandará imprimir y archivar en
todos los Cabildos, oficinas y departamentos; y se remitirá a
los pueblos y parroquias un número de ejemplares, para que
llegue a noticia de todos.

Pero si el Supremo Director hallase otro medio por donde
mejor pueda explicarse la voluntad general de los pueblos,
para modificar, alterar o probar esta Constitución provisoria, podrá practicarlo así, conforme a los principios liberales
que deben animarle.

Santiago de Chile y 8 de agosto de 1818.
José Antonio Cienfuegos. -Francisco Antonio Pérez. -Lo-
renzo José de Villalón. -José María de Rozas. -José María
Villarreal.

Constitución de 1822

(30 de octubre de 1822)

La convención a los habitantes de Chile

Ciudadanos:

Veis aquí la ley fundamental de nuestra Patria, la Constitución que ha de regirnos, cuyas bases orgánicas hemos establecido en la forma que juzgamos más oportuna.

El Código que os presentamos contiene dos partes. La una abraza los principios fundamentales e invariables, proclamados desde el nacimiento de la revolución, tal es: la división e independencia de los poderes políticos, el sistema representativo, la elección del primer Magistrado, la responsabilidad de los funcionarios, las garantías individuales. La segunda comprende la parte reglamentaria, de que no pudimos prescindir por las variaciones que indujo el tiempo en los Reglamentos provisorios anteriores, y que en lo sucesivo se podrá mejorar.

En esta última parte es donde la Comisión de Legislación trabajó más, y donde la Convención ha pensado y meditado más seriamente. Tuvo a la vista los mejores modelos, principalmente los del país clásico de la libertad, los Estados Unidos, y juzgó que era de su deber modificarlos a las circunstancias actuales del país. Pesó con detención reflexiva este conjunto de circunstancias y halló que los planes más perfectos de legislación no podían transplantarse, sin inconveniente, a un país en que difieren tanto la población, la extensión, las opiniones, el clima, la cultura, las artes, las ciencias, el comercio, las habitudes y el carácter.

No aspiramos a una perfección abstracta; preciso es unir la práctica a la teoría: ni cerramos la puerta a las mejoras sucesivas, que traerán los progresos de la civilización, el comercio con los pueblos cultos, la difusión de obras luminosas y los adelantos futuros en los estudios de la política, y en la riqueza nacional.

El curso de estos manantiales de prosperidad y mejoramiento es lento, pero no demasiado tardío en un siglo en que marchan a su perfección las instituciones sociales, a la par de la razón humana.

Las disposiciones reglamentarias y orgánicas aseguran convenientemente los derechos civiles y populares con firmes garantías.

No echamos en olvido las garantías públicas en orden a afianzar por medios prudentes e indirectos la paz, la seguridad, la quietud interior.

¡Ciudadanos! La felicidad general se cifra en la observancia de las leyes, y éstas son vanas sin costumbres y espíritu público. Las mejoras en la educación doméstica y en la moral, fundada en la base sólida de la pura religión, preparan la perfección ulterior de las leyes y de las instituciones.

Santiago de Chile, octubre 23 de 1822.

Francisco Ruiz Tagle, Presidente. José Antonio Bustamante, Vicepresidente. Camilo Henríquez, Diputado Secretario. Dr. José Gabriel Palma, Secretario.

La Convención Preparatoria

Congregada para organizar la Corte de Representantes y para consultar y resolver en las mejoras y providencias que propusiese el Gobierno:

Considerando que el fin de la sociedad es la felicidad común; que el gobierno se establece para garantir al hombre en el goce de sus derechos naturales e imprescriptibles, la igualdad, la libertad, la seguridad, la propiedad: ha formado y discutido la Constitución Política de Chile, poniendo a la vista de los hombres libres sus derechos, para que formen el justo concepto de su grandeza, y resistan toda opresión y tiranía: al magistrado sus deberes para que, llenándolos, merezca el aprecio y consideración de sus conciudadanos: al legislador sus augustas atribuciones para que, dictando leyes justas y útiles a la Nación, le bendigan las generaciones futuras.

En esta virtud, y consiguiente al voto de los pueblos, al objeto de su misión, y a las iniciativas del Poder Ejecutivo en la convocatoria y sus mensajes, la Convención decreta ante el Supremo Legislador del Universo la siguiente: Constitución Política del Estado de Chile.

Título I. De la Nación chilena y de los chilenos

Capítulo I. De la Nación chilena

Artículo 1. La Nación Chilena es la unión de todos los chilenos: en ella reside esencialmente la soberanía, cuyo ejercicio delega conforme a esta Constitución.

Artículo 2. La Nación Chilena es libre e independiente de la Monarquía española y de cualquiera otra potencia extranjera: pertenecerá solo a sí misma, y jamás a ninguna persona ni familia.

Artículo 3. El territorio de Chile conoce por límites naturales: al sur, el Cabo de Hornos; al norte, el despoblado de Atacama; al oriente, los Andes; al occidente, el mar Pacífico.

Le pertenecen las islas del Archipiélago de Chiloé, las de la Mocha, las de Juan Fernández, la de Santa María y demás adyacentes.

Capítulo II. De los chilenos

Artículo 4. Son chilenos:
1. Los nacidos en el territorio de Chile;
2. Los hijos de chileno y de chilena, aunque hayan nacido fuera del Estado;
3. Los extranjeros casados con chilena, a los tres años de residencia en el país;
4. Los extranjeros casados con extranjera, a los cinco años de residencia en el país, si ejercen la agricultura o la industria, con un capital propio, que no baje de dos mil pesos; o el comercio, con tal que posean bienes raíces de su dominio, cuyo valor exceda de cuatro mil pesos.

Artículo 5. El Poder Legislativo, a propuesta del Ejecutivo, puede dispensar las calidades del **Artículo** anterior en favor de los extranjeros que han hecho o hicieren servicios importantes al Estado.

Artículo 6. Todos los chilenos son iguales ante la ley, sin distinción de rango ni privilegio.

Artículo 7. Todos pueden ser llamados a los empleos con las condiciones de la ley.

Artículo 8. Todos deben contribuir para los gastos del Estado en proporción de sus haberes.

Artículo 9. Todo chileno debe llenar las obligaciones que tiene para con Dios y los hombres, siendo virtuoso, honrado, benéfico, buen padre de familia, buen hijo, buen amigo, buen soldado, obediente a la Constitución y a la ley, y funcionario fiel, desinteresado y celoso.

Título II. De la religión de Estado

Capítulo único

Artículo 10. La religión del Estado es la Católica, Apostólica, Romana, con exclusión de cualquiera otra. Su protección, conservación, pureza e inviolabilidad es uno de los primeros deberes de los jefes del Estado, como el de los habitantes del territorio su mayor respeto y veneración, cualquiera que sean sus opiniones privadas.

Artículo 11. Toda violación del **Artículo** anterior será un delito contra las leyes fundamentales del país.

Título III. Del Gobierno y de los ciudadanos

Capítulo I. Del Gobierno

Artículo 12. El Gobierno de Chile será siempre representativo, compuesto de tres poderes independientes: Legislativo, Ejecutivo y Judicial.

Artículo 13. El Poder Legislativo reside en un Congreso, el Ejecutivo en un Director, y el Judicial en los Tribunales de Justicia.

Capítulo II. De los ciudadanos

Artículo 14. Son ciudadanos todos los que tienen las calidades contenidas en el **Artículo** 4.º con tal que sean mayores de veinticinco años o casados y que sepan leer y escribir; pero esta última calidad no tendrá lugar hasta el año de 1833.

Artículo 15. Pierden la ciudadanía:
   1. Los que adquieran naturaleza en país extranjero;
   2. Los que admitan empleo de otro Gobierno;
   3. Los que son condenados a pena aflictiva o infamante, si no obtienen rehabilitación;
   4. Los que residiesen cinco años continuos fuera de Chile, sin licencia del Gobierno.

Artículo 16. La ciudadanía se suspende:
   1. En virtud de interdicción judicial, por incapacidad moral o física;
   2. En el deudor quebrado;
   3. En el deudor a los caudales públicos;
   4. En el sirviente doméstico asalariado;
   5. En el que no tiene modo de vivir conocido;
   6. En el que se halla procesado criminalmente.

Título IV. Del Congreso

Capítulo I. De su formación

Artículo 17. El Congreso se compone de dos Cámaras, la del Senado, y la de los Diputados: se reunirá cada dos años el 18 de septiembre, teniéndose por primera época la de la actual legislatura de 1822.

Artículo 18. La Cámara del Senado se formará:

1. De los individuos de la Corte de Representantes elegidos por la Cámara de los Diputados en la forma que se dirá, y de los ex-Directores;

2. De los Ministros de Estado,

3. De los Obispos con jurisdicción dentro del territorio, y en su defecto, del Dignidad que presida el Cabildo Eclesiástico;

4. De un Ministro del Supremo Tribunal de Justicia, nombrado por el mismo Tribunal;

5. De tres jefes del Ejército, de la clase de brigadier inclusive arriba, nombrados por el Poder Ejecutivo;

6. Del Delegado Directoral del departamento en que abra sus sesiones el Congreso;

7. De un Doctor de cada Universidad nombrado por su claustro;

8. De dos comerciantes y de dos hacendados, cuyo capital no baje de treinta mil pesos, nombrados por la Cámara de Diputados.

Artículo 19. La Cámara del Senado abrirá y cerrará sus sesiones en el mismo día que la de los Diputados.

Artículo 20. Cada una de las Cámaras tendrá el tratamiento de Excelencia Suprema.

Artículo 21. Cada una de ellas arreglará su policía y gobierno interior.

Artículo 22. La Cámara de los Diputados se formará del modo siguiente:

En la fiesta cívica del 5 de abril se expedirá una convocatoria, pidiéndose por los Cabildos a los inspectores, alcaldes de barrio y jueces de distrito, listas de los ciudadanos elegibles para electores, prefijándoles el perentorio término de quince días para que las remitan.

Artículo 23. El 1.º de mayo se fijarán copias de estas listas por el término de quince días en los ángulos de la plaza mayor de cada departamento, excluyéndose de ellas al Delegado Directoral durante su mando.

Artículo 24. Dentro de este término se oirán los reclamos de los que hayan sido omitidos, y sobre los inscriptos indebidamente, decidiéndose en el acto por los mismos Cabildos, sin apelación a otro Tribunal.

Artículo 25. El 15 de mayo se procederá por los Cabildos y vecinos, que quisieren concurrir, a un sorteo de un elector por cada mil almas.

Artículo 26. En los departamentos, donde no haya Cabildo, el Delegado Directoral, el párroco y el procurador general nombrarán seis vecinos de los principales, que uniéndose con ellos, hagan las funciones del Cabildo.

Artículo 27. En las subsecuentes elecciones harán las veces del Cabildo, si no lo hubiere, los electores anteriores: y si estuviesen reducidos a menor número de siete, elegirán ellos mismos los que llenen el de nueve.

Artículo 28. Verificado el sorteo y publicada la elección, se avisará a los electos concurran a la ciudad cabecera del departamento para el día 1.º de junio, en que indefectiblemente debe procederse a la elección de Diputados, por los electores que concurrieron.

Artículo 29. En el mismo día 1.º de junio, reunidos los electores en las casas de Cabildo, sacarán a la suerte de entre sí mismos un presidente de la junta electoral, y acto continuo procederá ésta a elegir por votos secretos los Diputados que correspondan al departamento, e igual número de suplentes.

Artículo 30. La base de la elección para el número de Diputados y sus suplentes, será uno por cada quince mil almas.

Artículo 31. En los departamentos donde solo llegue al número de siete mil, se elegirá un Diputado y su suplente; pero si bajase de este número, se reunirá al más inmediato, y se verificará la elección en éste por la base antedicha.

Artículo 32. Si en algún departamento sobrare un número de almas, que no llegue a quince mil, pero que pase de siete mil, elegirá un Diputado más.

Artículo 33. Si alguno fuese elegido en dos o más departamentos, representará por el primero que acepte, y por los demás entrarán los suplentes.

Artículo 34. Se tendrá por electo para Diputado el que obtenga la pluralidad absoluta de sufragios, y en igualdad de votos, decidirá la suerte.

Artículo 35. Podrá recaer la elección en uno de los mismos electores, si reúne las dos terceras partes de sufragios.

Artículo 36. Concluida la elección, se avisará inmediatamente a los Diputados electos, para que concurran a la capital del Estado, y se abran las sesiones en la fiesta cívica del 18 de septiembre.

Capítulo II. De las calidades de los electores

Artículo 37. Podrán ser electores:
1. Todos los ciudadanos, que no hayan perdido la ciudadanía, o no tengan suspenso su ejercicio;
2. Los militares que tengan bienes raíces, y no manden tropa de línea.

Artículo 38. Hasta pasados doce años no podrán ser electores, ni puestos en la lista de elegibles, los que cometieron soborno después del sorteo; y si concluido éste, se justificare el delito, se reemplazará el elector por otro sorteo hecho en la forma que queda prevenida: lo mismo se practicará, si la suerte hubiere recaído en los exceptuados por el **Artículo** anterior.

Capítulo III. De las calidades de los Diputados

Artículo 39. Para ser Diputado se requiere:

1. Tener las calidades que deben concurrir en los electores;

2. Tener en el departamento que lo elige, alguna propiedad raíz, cuyo valor no baje de dos mil pesos, o ser oriundo del departamento;

3. Saber leer y escribir;

4. No podrán ser Diputados los militares que tengan a su mando tropa de línea, ni los Delegados Directorales podrán ser elegidos por el departamento en que gobiernen.

Artículo 40. Electo el Diputado, a pluralidad de votos, y extendiéndose una acta del nombramiento, se otorgarán los poderes inmediatamente por los electores en la forma siguiente: «En la ciudad o villa de ..., ..., a... días... del mes de..., del año de..., estando congregados en la sala de Cabildo los señores electores de este departamento, (aquí los nombres de los electores) dijeron ante mí el infrascrito escribano y testigos: que, después de haber procedido en la forma prescrita en la Constitución al sorteo de electores, para nombrar Diputados de este departamento, habían tenido a bien elegir por sus representantes a D. N. y D. N., etc., según aparece de la acta firmada en este día, y en su consecuencia les otorgan cuantos poderes sean necesarios para que, en unión de los demás representantes de la Nación, acuerden y determinen cuanto estimen necesario al bien común de ella, aprobando y ratificando desde ahora cuanto hagan a nombre del departamento por quien representan, y obligando a sus vecinos al cumplimiento, sin que por falta de poder dejen de hacer cuanto entiende útil, sin salir de los límites del Poder Legislativo expresados en la Constitución. Así lo otorgaron y firmaron en el citado día, mes y año de que doy fe.»

Artículo 41. Las actas y poderes se examinarán por la Corte de Representantes dos meses antes del dieciocho de septiembre; y estando conformes, le pondrán visto bueno, firmándose por todos y el Secretario. Si fueren reprobados por falta de las calidades dispuestas en la Constitución, darán inmediatamente aviso a los departamentos, expresando el vicio, para que se haga nueva elección.

Artículo 42. Los Diputados, el día en que se abra el Congreso, jurarán ante la Corte de Representantes, el Director Supremo y el Supremo Tribunal de Justicia en la forma siguiente: «¿Juráis por Dios y por vuestro honor proceder fielmente en el desempeño de vuestras augustas funciones, dictando las leyes que mejor convengan al bien de la Nación, a la libertad política y civil, a la seguridad individual, y de propiedades de sus individuos, y a los demás fines para que os habéis congregado, explicados en nuestra Constitución? —Sí, juro. —Sí así lo hiciereis, Dios os alumbre y defienda; y si no, responderéis a Dios y a la Nación».

Artículo 43. Hecho el juramento, se procederá inmediatamente por la Cámara de Diputados a la elección de un Presidente, Vicepresidente y Secretarios, y acto continuo nombrará la misma Cámara los dos comerciantes y dos hacendados para la Cámara del Senado, conforme al **Artículo** 18.

Artículo 44. Las sesiones durarán solo tres meses; pero podrán prorrogarse un mes más, si el Poder Ejecutivo lo pide, o las dos terceras partes del Congreso.

Artículo 45. En ningún caso, ni por autoridad alguna se reconvendrá a los Diputados por sus opiniones: no podrán demandarse por deudas, mientras duren las sesiones, y si dieren mérito para alguna causa criminal, serán jueces cinco abogados sorteados de veinte, que nombrará la misma Cámara de los Diputados; pudiendo recusarse cinco sin causa, y con ella los demás. Conocerá de la recusación la misma Cámara en el término de ocho días perentorios.

Artículo 46. En el tiempo de las sesiones y dos meses después de concluidas, no podrán los Diputados pretender para sí, ni para otro, ni admitir del Poder Ejecutivo comisión lucrativa o empleo, que no sea de inmediata escala.

Capítulo IV. De las facultades del Congreso

Artículo 47. Corresponde al Congreso:
1. Dictar todas las leyes convenientes al bien del Estado;
2. Fijar las contribuciones directas e indirectas, y aprobar su repartimiento;
3. Declarar la guerra, a propuesta del Poder Ejecutivo;
4. Procurar la paz y aprobar sus tratados;
5. Ratificar los tratados de alianza, comercio y neutralidad, que proponga el Ejecutivo;
6. Cuidar de la civilización de los indios del territorio;
7. Disponer que se manden agentes diplomáticos, u otros Ministros a potencias extranjeras;
8. Establecer la fuerza que necesite la nación en mar y tierra;
9. Dar las ordenanzas para el Ejército, Milicia y Armada;
10. Levantar nuevas tropas;

11. Mandarlas fuera del Estado;

12. Recibir tropas extranjeras, o permitirles tránsito;

13. Crear nuevas autoridades o empleos, y suprimir los establecidos;

14. Examinar la inversión de los gastos públicos;

15. Reglar el comercio, las aduanas y aranceles;

16. Decretar la adquisición o enajenación de bienes nacionales;

17. Hacer efectiva la responsabilidad de los empleados públicos;

18. Aprobar los reglamentos para la administración en todos ramos;

19. Dar el plan general de educación pública;

20. Determinar el valor, espesor, tipo y peso de las monedas;

21. Fijar los pesos y medidas;

22. Recibir empréstitos en casos muy urgentes;

23. Proteger la libertad de la imprenta;

24. Procurar se generalice la ilustración;

25. Hacer todos los establecimientos, que conduzcan al bien de la Nación;

26. Proteger el fomento de la agricultura, de la industria, del comercio y de la minería;

27. Amparar la libertad civil y de las propiedades;

28. Demarcar el territorio del Estado, los límites de los departamentos, situar las poblaciones y titularlas;

29. Conceder, en casos muy útiles a la Nación, privilegios exclusivos por tiempo determinado;

30. Señalar pensiones, gratificaciones y sueldos, a propuesta del Ejecutivo;

31. Nombrar el Director del Estado en los casos de nueva elección, y poder reelegirlo una sola vez;

32. Interpretar, adicionar, derogar, proponer y decretar las leyes en caso necesario.

Capítulo V. Modo de formar las Leyes, sancionarse y promulgarse

Artículo 48. Las leyes pueden tener principio en la Cámara del Senado, o en la de Diputados.

Artículo 49. Se exceptúan del **Artículo** anterior las que se dirijan a imponer contribuciones, cuya iniciativa es peculiar a la Cámara de Diputados, quedando solo a la del Senado la facultad de admitirlas, repulsarlas o modificarlas.

Artículo 50. Todo proyecto de ley se discutirá en tres distintas sesiones, antes de su deliberación.

Artículo 51. Podrá discutirse y aprobarse en una sola sesión, si las dos terceras partes de los votos así lo acordasen previamente.

Artículo 52. La Cámara que dio origen a la ley que se halle en el caso del **Artículo** anterior, deberá pasar con ella los fundamentos que tuvo para discutir y deliberar en una sola sesión; y si la Cámara, que reciba el proyecto de ley, no aprueba las causales, devolverá el proyecto para que se discuta en otras dos sesiones.

Artículo 53. Aprobado el proyecto en la Cámara donde haya tenido principio, se pasará a la otra, para que discutido en ella del mismo modo que en la primera, lo reforme, apruebe o deseche.

Artículo 54. Todo proyecto de ley desechado por una de las Cámaras, quedará a la siguiente legislatura.

Artículo 55. El proyecto de ley aprobado por ambas Cámaras pasará al Director del Estado, para que lo suscriba y publique.

Artículo 56. Si el Director tuviere reparos que objeccionar, los expondrá dentro de quince días, devolviendo el proyecto a la Cámara de su origen, donde, discutido de nuevo en tres distintas sesiones, si resultase aprobado por mayoría absoluta de votos, se pasará a la otra Cámara, y si en ésta fuere también aprobado por pluralidad absoluta, tendrá fuerza de ley y será publicada por el Poder Ejecutivo.

Artículo 57. Si dentro de quince días no devuelve el Poder Ejecutivo el proyecto de ley, se tendrá por suscrito y debe publicarse.

Artículo 58. El Poder Ejecutivo podrá promover en cualquiera de las Cámaras la iniciativa de una ley; pero no presentará extendido el proyecto de ella.

Artículo 59. La Cámara, donde la ley aprobada tuvo origen, la pasará al Poder Ejecutivo en la forma siguiente: «El Senado y la Cámara de Diputados del Estado de Chile, reunidos en Congreso, han decretado: (Aquí la ley)» y concluirá: «Pásese al Director del Estado para su cumplimiento».

Artículo 60. El Poder Ejecutivo la publicará con esta fórmula: «El Director Supremo del Estado de Chile, etc. Hago saber: que todos deben obedecer y cumplir el decreto siguiente: (Aquí la ley)» y concluirá: «Publíquese, imprímase y circúlese».

Capítulo VI. De la corte de Representantes

Artículo 61. Habrá un cuerpo permanente con el nombre de Corte de Representantes.

Artículo 62. Se compondrá de siete individuos electos por la Cámara de Diputados en votación secreta, y de los ex-Directores, que serán miembros vitalicios.

Artículo 63. Cuatro, al menos, de los siete deberán elegirse de entre los mismos Diputados. Se hará la primera elección por la actual legislatura.

Artículo 64. Los miembros de esta Corte deben tener las mismas calidades que exige la Constitución para ser Diputado.

Artículo 65. Se renovará la Corte cuando se nombre nuevo Director, y si éste se reelige, podrá también ser reelecta.

Artículo 66. Al abrir sus sesiones la Cámara de Diputados, tomará la Corte permanente el carácter de Senado, reuniéndosele los vocales que designa el **Artículo** 18.

Artículo 67. Concluidas las sesiones de la Cámara del Senado, solo quedará la Corte de Representantes investida de las atribuciones siguientes:
1. Cuidar del cumplimiento de la Constitución y de las leyes;

2. Convocar el Congreso en casos extraordinarios;
3. Recibir las actas y poderes de los Diputados, aprobarlos o reprobarlos, conforme al **Artículo 39**;

4. Ejercer provisoriamente y conforme a la Constitución, todo lo que corresponde al Poder Legislativo; pero sin que sus determinaciones tengan fuerza de ley permanente, hasta la aprobación del Congreso.

Artículo 68. Cualquiera proyecto de ley provisoria puede iniciarse por la Corte de Representantes o por el poder Ejecutivo; y en uno y otro caso, aprobado el proyecto en la Corte de Representantes por cinco al menos, de sus miembros, y conformándose el Poder Ejecutivo, se publicará corno ley provisoria en la forma siguiente: «El Director Supremo del Estado, de acuerdo con la Suprema Corte de Representantes, decreto: (Aquí la ley)» y concluirá: «Publíquese, imprímase, circúlese y llévese al Congreso».

Artículo 69. En el caso de estar disconformes el Ejecutivo y la Corte, repulsado por tres veces el proyecto, se archivará donde tuvo su origen.

Artículo 70. Podrán removerse sus individuos por delito probado en juicio legal.

Artículo 71. La formación de este juicio seguirá el orden prevenido para los Diputados.

Artículo 72. En las causas civiles serán demandados ante los Tribunales establecidos por la ley.

Artículo 73. En el caso de remoción, muerte, renuncia o de ausencia fuera del Estado de algunos de los siete electos, nombrará el Director Supremo, de acuerdo con la Corte, el que haya de reemplazarle hasta la reunión de la Cámara de Diputados.

Artículo 74. En los casos de renuncia, o de pedir venia para salir fuera del Estado, se reunirá el Director con los demás vocales de la Corte, y otorgarán o no a pluralidad absoluta de sufragios.

Artículo 75. Los electos para la Corte de Representantes, durante su cargo, retendrán sus anteriores empleos y no podrán obtener otros si no son de rigurosa escala; pero si el empleo es incompatible a juicio de la misma Corte, se nombrará para él un suplente.

Artículo 76. El ex-Director más antiguo hará de Presidente, y no habiéndolo, el que eligiere la Corte de entre sus individuos.

Artículo 77. En el plan general de sueldos, designará la ley los que deba gozar la Corte de Representantes, el Secretario y oficiales.

Artículo 78. Será privativo de la Corte nombrar un Secretario, y a éste proponerle los oficiales necesarios para el despacho.

Artículo 79. Tendrá tratamiento de Excelencia Suprema en cuerpo, y de Señoría sus individuos.

Título V. Del Poder Ejecutivo

Capítulo I. De su elección y duración

Artículo 80. El Poder Ejecutivo se servirá por un solo individuo, que se denominará Director Supremo, con la renta anual que le señale la ley en el plan general de sueldos. Tendrá el tratamiento de Excelencia Suprema, y honores de capitán general de Ejército.

Artículo 81. El Director Supremo será siempre electivo, y jamás hereditario: durará seis años, y podrá ser reelegido una sola vez por cuatro años más.

Artículo 82. Para ser Director Supremo se requiere:
1. Haber nacido en Chile;
2. Haber residido en el territorio del Estado cinco años inmediatos a la elección, a no ser que hubiese estado fuera con carácter público en servicio del Gobierno;
3. Ser mayor de veinticinco años y de notoria virtud;
4. La elección y reelección se hará por el Congreso en sesión permanente, reuniéndose ambas Cámaras en la sala del Senado al siguiente día de su instalación. Hará de Presidente en esta sesión el que lo sea de la Cámara del Senado, y de Vicepresidente el de la Cámara de Diputados.

Artículo 83. Se procederá a la elección por votos secretos, y resultará electo el que obtenga los sufragios de las dos terceras partes de los Diputados y Senadores existentes y no licenciados, pudiendo recaer la elección en uno de ellos.

Artículo 84. Se tendrá por primera elección la que ha hecho del actual Director la presente legislatura de 1822.

Artículo 85. Hecha nueva elección, el ex-Director pasará a la Corte de Representantes de individuo nato, con una tercera parte del sueldo que gozaba como Director, si no lo tuviese mayor o igual por otro empleo.

Artículo 86. Para los casos de muerte, si el Congreso no estuviese reunido, se observará lo siguiente. —Habrá una caja de tres llaves de distintas guardas, depositada en una pieza contigua a la Sala Directoral. En los aniversarios cívicos del 12 de febrero, 5 de abril y 18 de septiembre el Director llevará un pliego escrito y firmado de su letra y nombre, y sellado con el sello de la Nación, y a presencia de todas las autoridades, lo guardará en dicha caja, haciendo presente, que contiene el nombramiento de la Regencia que haya de sucederle hasta la reunión del Congreso, si fallece. Serán tres los nombrados que la compongan, si no hay guerra interior; en cuyo caso será Director interino el primero de los tres nombrados. Una de las llaves guardará el Supremo Director, otra el Presidente de la Corte de Representantes, y otra el Presidente del Supremo Tribunal de Justicia. El Director, cuando se sienta en peligro de muerte, avisará secretamente a su Ministro de Gobierno el lugar en que guarda la llave. Si llega el caso de fallecer, el Ministro de Gobierno citará inmediatamente a todas las autoridades, corporaciones, jefes militares y vecinos principales, y a las veinticuatro horas, llevando la llave del Director que acabó, abrirá en consorcio de los otros dos claveros la caja, y a presencia de todos, se sacará el pliego, se abrirá y leerá, y acto continuo se recibirán los nombrados, prestando juramento ante la Corte de Representantes.

Artículo 87. En las horas que medien para este recibimiento, mandarán los Ministros de Estado en sus respectivos Departamentos.

Artículo 88. Podrá en sana salud el Director mudar el pliego, citando a todas las autoridades y jefes militares; pero nunca podrá omitirlo en los aniversarios antedichos: y siempre que mude el pliego dará a las llamas el que se hallaba guardado, a presencia de todos los asistentes.

Artículo 89. La Regencia o el Director interino, solo durará hasta que se elija el propietario por el Congreso, si estuviese reunido o próximo a instalarse; pero si faltaren para la reunión más de seis meses, la Corte de Representantes convocará indefectiblemente los Diputados a Congreso extraordinario para hacer la elección; y verificada, se retirarán los Diputados.

Capítulo II. Facultades y límites del Poder Ejecutivo

Artículo 90. Pertenece al Director el mando supremo, y la organización y dirección de los Ejércitos, Armada y Milicias; pero no podrá mandarlos en persona, sin el consentimiento del Poder Legislativo.

Artículo 91. Dispondrá de toda la fuerza dentro del Estado, y consultará con el Poder Legislativo para mandar algunas fuera de él.

Artículo 92. Nombrará por sí solo los generales en jefe de los Ejércitos.

Artículo 93. Dará todos los empleos subalternos, a propuesta de los respectivos jefes, y en la forma que previenen las leyes.

Artículo 94. Dará los de brigadier arriba, de acuerdo con el Poder Legislativo.

Artículo 95. Por medio de ministros y agentes diplomáticos, etc., podrá entablar y seguir con potencias extranjeras, negociaciones, tener sesiones, hacer estipulaciones preliminares sobre tratados de treguas, paz, alianza, comercio, neutralidad y otras convenciones; pero para su aprobación deberá pasarlas al Legislativo, como se previene en la Atribución 5.ª, Artículo 47, Capítulo IV, Título IV.

Artículo 96. Nombrará por sí solo los empleados de nueva creación, y los suplentes e interinos, que no se exceptuaren en esta Constitución.

Artículo 97. Presentará para los obispados de la Nación dignidades, beneficios eclesiásticos de patronato, a consulta del Senado, si estuviera reunido, o de la Corte de Representantes.

Artículo 98. Concederá el pase, y retendrá los decretos conciliares y bulas pontificias, obrando de acuerdo con el Poder Legislativo, si fueren disposiciones generales o de asuntos gubernativos; y si de negocios de justicia o contenciosos, los pasará en consulta al Supremo Tribunal de Justicia.

Artículo 99. Él solo librará contra la caja nacional, y no se ejecutará sentencia alguna contra el Fisco, sin su «cúmplase».

Artículo 100. Para proceder con arreglo en los antedichos libramientos, cada Ministerio, en lo sucesivo, arreglará sus gastos por un presupuesto anual, consiguiente a la suma líquida de las rentas y contribuciones y a las necesidades ciertas de la Nación.

Artículo 101. Cuidará de que por ningún motivo se confundan los gastos de un Ministerio con los de otro. Todo cuanto tenga relación con el presupuesto de un Ministerio, se entenderá que le pertenece, no abonándose partida que deje de estar incluida en los presupuestos.

Artículo 102. Con aprobación del Poder Legislativo dará los reglamentos que estime necesarios para la ejecución de las leyes.

Artículo 103. Todas las provisiones de los Tribunales de Justicia se despacharán a nombre del Supremo Director.

Artículo 104. Cuando se haya acordado por el Poder Legislativo la necesidad de mandar algún Enviado a países extranjeros, el Director elegirá las personas.

Artículo 105. Nombrará los Secretarios de Estado y del Despacho y podrá separarlos a su arbitrio.

Artículo 106. Cuidará de todo lo que conduzca a la conservación del orden público y seguridad del Estado.

Artículo 107. Nombrará todos los años jueces visitadores de los departamentos, que observen el estado de los pueblos, oigan sus quejas e informen de las mejoras que puedan hacerse; autorizándoles para proveer de pronto remedio, en los casos y con las formalidades que la ley prescriba.

Artículo 108. Podrá el Director suspender las ejecuciones capitales, y conmutar penas, si mediare algún grave motivo, obrando de acuerdo con el Supremo Tribunal de Justicia; pero no concederá indultos generales sin aprobación del Poder Legislativo.

Artículo 109. Observará la más rigurosa economía de los fondos públicos, no aumentando gastos, sino en casos muy precisos, y con aprobación del Poder Legislativo.

Artículo 110. Por ningún Ministerio dará ascensos civiles ni militares, cuando haya agregados, supernumerarios o sobrantes de las mismas clases, para que todas las escalas se pongan en el orden debido.

Artículo 111. No creará nuevos empleos, juntas ni comisiones gravosas a la Hacienda, sin aprobación del Poder Legislativo.

Artículo 112. No hará contrata de interés al Fisco, sin oír primero a las oficinas o juntas respectivas.

Artículo 113. No podrá abrir empréstitos ni exigir nuevas contribuciones directas ni indirectas bajo de ningún pretexto, sin que se aprueben y fijen por el Poder Legislativo.

Artículo 114. No puede por sí conceder privilegios exclusivos.

Artículo 115. A nadie le privará de sus posesiones y propiedades; y cuando algún caso raro de utilidad o necesidad común lo exija, será indemnizado el valor, a justa tasación de hombres buenos.

Artículo 116. La utilidad y necesidad común serán calificadas por los dos Supremos Poderes, Legislativo y Ejecutivo, y por el Tribunal Supremo de Justicia.

Artículo 117. A ninguno privará de su libertad ni le castigará con pena alguna por sí: el Ministro que firmase orden para esto y la autoridad que la ejecute, serán responsables a la Nación como de un grave atentado contra la seguridad individual.

Artículo 118. Por ningún caso impedirá la reunión del Congreso en los tiempos señalados ni pondrá trabas a sus discusiones que deberán ser enteramente libres: si alguno le influyere lo contrario, será tenido por reo de alta traición a la Patria, sin que su delito prescriba en tiempo alguno.

Artículo 119. No podrá salir fuera del departamento de la capital por más de quince días sin permiso del Congreso o de la Corte de Representantes, si éste no estuviere reunido; y cuando salga por mayor tiempo, obtenido el permiso, nombrará uno o más Delegados Supremos, y se publicará el nombramiento.

Artículo 120. Necesita del mismo permiso para casarse, ser padrino y visitar con carácter público.

Artículo 121. En un peligro inminente del Estado, que pida providencias muy prontas, el Poder Legislativo podrá concederle facultades extraordinarias por el tiempo que dure la necesidad, sin que por ningún motivo haya la menor prórroga.

Artículo 122. Antes de tomar posesión de su destino, jurará en la Sala del Senado ante el Congreso, en la forma siguiente: Yo N., nombrado Para Director Supremo del Estado de Chile, juro por Dios, por los Santos Evangelios y por mi honor, que guardaré y haré guardar la Constitución y leyes del Estado: que procuraré la mayor felicidad de la Nación: que defenderé su libertad política, y la igualdad, la libertad, seguridad y propiedad de sus individuos: y que quiero desde ahora sea nulo y jamás obedecida cuanto hiciere en contrario. Dios me ayude si lo cumplo, y si no me lo demande.

Artículo 123. La persona del Director es inviolable.

Capítulo III. De los Ministros de Estado

Artículo 124. Habrá tres Ministros Secretarios de Estado para el despacho de los negocios, de Gobierno y Relaciones Exteriores, de Hacienda, de Guerra y Marina.

Artículo 125. Entenderán en todos los negocios peculiares a su despacho con aquella fidelidad, integridad, desinterés y prudencia que exige el bien de la Nación y el honor del Gobierno.

Artículo 126. Sus atribuciones se fijarán por un reglamento separado, que presentará el Poder Ejecutivo al Legislativo para su aprobación.

Artículo 127. El Director podrá reunir en un solo individuo dos Ministerios por tiempo determinado; pero para reunirlos todos en uno, o para subdividir los negocios en más de tres Ministros, deberá esperar el consentimiento del Congreso.

Artículo 128. Los Ministros son responsables de todas las providencias, órdenes y decretos que suscriben; pero se exceptúan de la responsabilidad en aquellos casos en que obren conformes con el dictamen de otras autoridades, juntas u oficinas a quienes deban pedirlo: así es que solo responderán cuando, separándose del informe, procedan arbitrariamente.

Artículo 129. Los que dieren el parecer responderán en los casos exceptuados.

Artículo 130. Prescribe la responsabilidad de los Ministros de legislatura en legislatura.

Artículo 131. Para hacer efectiva la responsabilidad de los Ministros, puesta la acusación, declarará la Cámara de Diputados, si hay o no lugar a la formación de causa; y declarado por la afirmativa, quedará suspenso el Ministro hasta su conclusión, y se pasarán los antecedentes a la Cámara del Senado, que debe conocer y sentenciar según su conciencia, ejerciendo un poder racional y de discreción.

Artículo 132. Los Ministros firmarán las órdenes del Director en sus respectivos Departamentos, sin que de otro modo sean obedecidas, a no ser que se indique en el decreto el motivo por qué no firma el Ministro a quien correspondía.

Artículo 133. Cuando se resistiese a firmar el Ministro del despacho, podrá el Director consultarse con el de otro; y si éste se conviene en firmar, será la orden obedecida, y responsable el Ministro que la firma.

Artículo 134. Si llegare el caso del **Artículo** anterior, deberá indicarse en el decreto la excusa del Ministro a quien correspondía firmar; y si hubiere de comunicarse por oficio, irá éste rubricado al margen por el Director.

Artículo 135. A los Ministros en sus respectivos despachos, se dirigirán todas las comunicaciones y oficios, entendiéndose solo directamente con el Director, las Cámaras del Congreso, la Corte de Representantes y el Tribunal Supremo de Justicia.

Artículo 136. Los Ministros propondrán al Director los oficiales de su despacho: pedirán también su remoción cuando lo estimen conveniente; pero si no fuere por delito probado en juicio legal, reasumirán los empleos que servían antes de ser llamados a los Ministerios, o se les dará otros equivalentes.

Artículo 137. En cada uno de los Ministerios habrá un oficial mayor subsecretario con ejercicio de decretos.

Artículo 138. Todo decreto de sustanciación se firmará solamente por el Ministro y el subsecretario respectivo; pero los decretos de pago, las resoluciones definitivas y cualquiera otras que lleven la calidad de tales, se firmarán por el Director.

Artículo 139. El subsecretario podrá firmar por el Ministro en ausencias de éste, enfermedades u otro impedimento, expresando el motivo en la antefirma.

Artículo 140. Los Ministros no son recusables; pero el Poder Ejecutivo podrá, en casos de notoria implicancia, hacer que se abstengan, y despachar con otro Ministro o con el subsecretario respectivo.

Artículo 141. Los Ministros tendrán el tratamiento de Excelencia.

Título VI. Del Gobierno Interior de los Pueblos

Capítulo I. De los jueces mayores

Artículo 142. Quedan abolidas las Intendencias, y el territorio se dividirá en Departamentos, y éstos en distritos.

Artículo 143. Todo departamento tendrá un juez mayor con el nombre de Delegado Directoral, que mande en lo político y militar dentro de las demarcaciones que hoy tienen los partidos, u otras que señale el Congreso.

Artículo 144. Los Delegados Directorales se nombrarán por el Poder Ejecutivo de acuerdo con el Legislativo. Se regirán por los reglamentos que se publiquen después, obrando por ahora conforme a la ordenanza de intendentes en lo adaptable.

Artículo 145. En la capital habrá el mismo Delegado con igual jurisdicción dentro de los límites del departamento.

Artículo 146. El de la capital tendrá el tratamiento de Señoría Ilustre, y los de fuera el de Señoría.

Artículo 147. El Gobierno por sus respectivos Ministerios, y los Tribunales directamente, se entenderán con dichos magistrados.

Artículo 148. Se tratará de rentarlos conforme las circunstancias lo permitan, acordando el Poder Ejecutivo con el Legislativo las asignaciones correspondientes.

Artículo 149. Se les proveerá en igual forma de asesores rentados para cada departamento, o en oportunas localidades para dos o más.

Artículo 150. Los Delegados Directorales y los asesores, antes de tomar posesión de sus empleos, darán fianza de residencia.

Artículo 151. Durarán los Delegados asesores el término de tres años, y podrán reelegirse por otro igual, dando antes residencia conforme a las leyes.

Artículo 152. Desde el día de la publicación de esta Constitución, hará el Director el nombramiento de todos los Delegados, pudiendo continuar a los que estime convenientes, dando fianzas, y mudar a otros aunque hayan servido un corto tiempo.

Artículo 153. A estos Delegados corresponde privativamente el nombramiento de jueces de distrito, celadores, inspectores y alcaldes de barrio, dentro de los términos de su jurisdicción.

Artículo 154. En cada capital de departamento habrá también un teniente de la Tesorería General, propuesto por ésta al Poder Ejecutivo que debe confirmarlo; y será de su cargo recaudar y responder de los intereses fiscales.

Capítulo II. De los cabildos

Artículo 155. Subsistirán los Cabildos en la forma que hoy tienen, hasta que el Congreso determine su número y atribuciones.

Artículo 156. Serán presididos por los Delegados Directorales, y, en su defecto por los alcaldes de primera elección.

Artículo 157. Ninguno de sus individuos podrá ser arrestado o preso, sino por orden expresa del Supremo Director, quien solo la podrá librar en materias de Estado, y en las de justicia la Cámara de Apelaciones; pero si la naturaleza de la causa exigiese un pronto remedio, se les arrestará por la autoridad competente en lugar decente y seguro, se avisará inmediatamente al Director.

Título VII. Del Poder Judicial

Capítulo I. De los Tribunales de Justicia

Artículo 158. El Poder judicial reside en los Tribunales de Justicia. A ellos toca exclusivamente la potestad de aplicar las leyes, con total independencia del Legislativo y Ejecutivo, si no es en los casos exceptuados en esta Constitución: no ejercerán otras funciones que las de juzgar conforme a las leyes vigentes y hacer que se ejecute lo juzgado.

Artículo 159. Para ser magistrado o juez, es necesario tener las mismas calidades que para ser Diputado en el Congreso: las de literatura, virtud y méritos, se determinarán por las leyes.

Artículo 160. Habrá un Tribunal Supremo de Justicia, y de él dependerán la Cámara de Apelaciones, los Tribunales y empleados de justicia.

Artículo 161. Se compondrá de cinco Ministros, de los cuales uno será Presidente, cuyo nombramiento ya está hecho en primera creación por el Supremo Poder Ejecutivo.

Artículo 162. En las vacantes sucesivas se consultará en terna por el Supremo Tribunal, para que el Ejecutivo elija de acuerdo con el Legislativo,

Artículo 163. Se entenderá con el Fiscal de lo civil.

Artículo 164. Tendrá a su servicio un Relator Secretario, un oficial que subrogue a éste, un escribano y un portero dotados del tesoro público.

Artículo 165. Su tratamiento en cuerpo es el de Excelencia Suprema, y Señoría el de sus miembros.

Artículo 166. Sus atribuciones son:

1. Conocer en las causas de segunda suplicación y de injusticia notoria;

2. De las de nulidad de las sentencias dadas en última instancia, al solo efecto de reponer y devolver;

3. Conocer en los casos y circunstancias, que permite el derecho de gentes, en los negocios de embajadores, cónsules, agentes y demás ministros diplomáticos;

4. En las causas civiles y criminales de separación y suspensión de los funcionarios superiores no exceptuados en esta Constitución;

5. En las de residencia a los que deban darla;

6. En las de patronato;

7. En los recursos de fuerza y protección;

8. En dirimir las competencias entre los Tribunales superiores y entre los inferiores;

9. En oír las dudas sobre la inteligencia de la ley, para consultarlas al Supremo Poder Legislativo;

10. Proponer al mismo Poder las mejoras que crea útiles en la legislación;

11. Consultar y proponer al Ejecutivo todos los empleos de justicia que vacaren;

12. Nombrar letrados que diriman las discordias de la Cámara;

13. Presidir por turno las visitas de cárcel de cada semana;

14. Exigir y examinar mensualmente las listas de las causas civiles y criminales que pasarán la Cámara y juzgados, para activar el despacho;

15. Responder a las consultas de los Poderes Ejecutivo y Legislativo.

Artículo 167. Las sentencias de muerte, de expatriación o destierro por más de un año, no podrán ejecutarse en todo el territorio de la Nación, sea cual fuere el Tribunal o juzgado que las pronuncie, sin la aprobación de este Supremo Tribunal, quien verá los autos en el término de tres días prorrogables hasta seis, y juzgará por solo su mérito.

Artículo 168. Podrán recusarse con causa los Ministros de este Tribunal, conociendo de la recusación el Senado, si estuviese reunido, o la Corte de Representantes, en el perentorio término de ocho días; y depositándose la multa de doscientos pesos aplicables al fondo público, si se declara no haber lugar a la recusación.

Artículo 169. En los casos de implicancia, los que no la tengan, nombrarán abogados que llenen el Tribunal, prefiriendo a los Ministros no impedidos de la Cámara de Apelaciones.

Artículo 170. La pena pecuniaria aplicada a favor de los jueces en los recursos en que se confirman sus sentencias, será toda del fondo público.

Artículo 171. Quedan enteramente abolidos los recursos de gracia y de justicia, acabándose todos los juicios con la sentencia de este Tribunal.

Artículo 172. Ningún empleado en él tendrá por las actuaciones otros emolumentos, a más del sueldo que se les señale.

Artículo 173. Las causas de los Ministros de este Supremo Tribunal serán juzgadas en la misma forma que las de los individuos de la Cámara de Diputados.

Capítulo II. De la Cámara de apelaciones

Artículo 174. Habrá una Cámara de Apelaciones con jurisdicción en todo el Estado, compuesta de cinco Ministros, de los cuales uno será Regente. Tendrá en cuerpo el tratamiento de Excelencia, y sus individuos el de Señoría.

Artículo 175. Habrá también dos fiscales, uno de lo civil y criminal y otro de hacienda, iguales en tratamiento y sueldo a los camaristas.

Artículo 176. Las atribuciones de la Cámara son conocer en las alzadas de las causas de los juzgados inferiores y de los negocios gubernativos, siempre que se hagan contenciosos.

Artículo 177. La Junta Superior contenciosa de Hacienda residirá también en la Cámara de Apelaciones, y ésta podrá oír a la Gubernativa y Económica de Hacienda en los casos que sea necesario, para informarse mejor del hecho, prefiriendo en el despacho los asuntos de esta naturaleza, y asistiendo el Fiscal de Hacienda, que alegará en público, sin mezclarse en los acuerdos.

Artículo 178. Habrá un agente fiscal, que despache con los Tribunales inferiores.

Artículo 179. Tendrá la Cámara dos relatores y dos escribanos, cuyos destinos se proveerán por la misma Cámara, dotados del Tesoro Público y sin más emolumentos que sus sueldos.

Artículo 180. En los pleitos que no pasen de quinientos pesos, la sentencia de vista será ejecutoriada. En los que solo lleguen a mil, dos sentencias conformes de grado en grado harán ejecutoria. En estos dos casos se admitirá la súplica, si se presentan nuevos documentos con juramento de no haberlos tenido o sabido antes.

Artículo 181. En las apelaciones de los departamentos de fuera de la capital, solo se dejará testimonio de las sentencias, y cuando alguna de las partes lo pida de todo el proceso, ella sola lo pagará.

Artículo 182. Los dos Ministros menos antiguos serán jueces del crimen.

Artículo 183. Estos Ministros visitarán por turno cada seis meses los oficios de los escribanos, y darán parte a la Cámara de los defectos que adviertan. Si son de gravedad, los suspenderán, y la Cámara los separará del todo, y aplicará las penas a que hubiere lugar, si no se vindican.

Artículo 184. La Cámara cuidará de que los jueces de los departamentos de fuera de la capital visiten semanalmente las cárceles, mandando razón mensual de las visitas, y pasándolas al Supremo Tribunal de justicia, con informe sobre los defectos y omisiones que observe.

Artículo 185. El Ministro semanero asistirá todos los sábados a las visitas de cárcel con uno de sus escribanos, para dar cuenta de las causas del Tribunal.

Artículo 186. Podrán ser recusados con causa, y, si no se aprobare el motivo, pagará el recusante la multa de cien pesos aplicados al fondo público.

Artículo 187. Conocerá de la recusación el Supremo Tribunal de justicia, y determinará en el término de ocho días.

Artículo 188. Recibirá a los abogados, escribanos, receptores y procuradores en la forma acostumbrada.

Artículo 189. Las leyes decidirán si ha de haber tribunales especiales para conocer de determinados negocios, y arreglarán la forma de sus juicios y sus alzadas.

Capítulo III. De los Jueces de paz

Artículo 190. Habrá en la capital un Tribunal de Concordia, el que, por ahora, se compondrá de uno de los Ministros del Supremo Tribunal de Justicia, uno de la Cámara y un prebendado, que se nombrarán cada año por el Poder Ejecutivo, y pueden reelegirse.

Artículo 191. Será su instituto conciliar y componer a los litigantes, y, no pudiéndolo conseguir, procurarán se comprometan en hombres buenos: nunca decidirán definitivamente, y suscribirán con las partes el resultado de la conferencia.

Artículo 192. El escribano del Supremo Tribunal de justicia llevará un libro en que se asienten los convenios o negativas.

Artículo 193. No habrá recurso ni apelación del convenio.

Artículo 194. Ninguno se presentará en juicio sin acompañar un certificado de la comparecencia y de no haberse avenido.

Artículo 195. Se exceptúan las acciones fiscales, las criminales graves, las de menores, las de ausentes, las de retracto, y cuando se tema la fuga de un deudor.

Artículo 196. Los jueces no se implican por haber conocido en la avenencia, aun cuando no se verifique.

Artículo 197. En los departamentos fuera de la capital, el Poder Ejecutivo, por ahora, nombrará tres individuos que ejerzan este cargo de legislatura en legislatura, y en lo sucesivo serán nombrados por los electores de Diputados en cada departamento.

Capítulo IV. De la Administración de Justicia y de las garantías individuales

Artículo 198. Ningún funcionario público, temporal o perpetuo, si no es en los casos exceptuados por la Constitución o la ley, podrá ser depuesto sin causa legalmente probada y sentenciada por su juez competente.

Artículo 199. Todos serán juzgados en causas civiles y criminales por sus jueces naturales, y nunca por comisiones particulares.

Artículo 200. Siendo Chile un Estado independiente, ninguna causa criminal, civil ni eclesiástica de los chilenos, se juzgará por otras autoridades de distinto territorio.

Artículo 201. Todo juez puede ser recusado según las leyes, y también acusado por cualesquiera del pueblo, en los casos de soborno, cohecho y prevaricación.

Artículo 202. A nadie se pondrá preso por delito que no merezca pena corporal o de destierro, y sin que preceda mandamiento de prisión por escrito, que se notificará en el acto de ella.

Artículo 203. Todos deben obedecer estos mandamientos, y se hacen culpables por su resistencia.

Artículo 204. Los jueces solo podrán detener en arresto veinticuatro horas al que les faltare al respeto.

Artículo 205. Todo acto ejercido contra un hombre fuera del caso, y sin las formalidades que la ley prescribe, es arbitrario y tiránico.

Artículo 206. Cuando el delincuente no sea sorprendido infraganti, debe preceder a su prisión la sumaria; si es infraganti, debe estar hecha a los dos días.

Artículo 207. En cualquier estado de la causa, en que se advierta que el delito no merece penas corporal o de destierro, se pondrá libre al preso.

Artículo 208. A todo preso antes de cuarenta y ocho horas de su prisión, se le hará saber el motivo de ella.

Artículo 209. El alcaide llevará un libro en que asiente el día, hora y motivo de la prisión y el nombre del juez que la decretó.

Artículo 210. Cuando las circunstancias del delito pidan el allanamiento de alguna casa, el juez lo hará por sí mismo.

Artículo 211. Los jueces son responsables de la dilación de los términos prevenidos por las leyes.

Artículo 212. A ningún reo se le recibirá juramento para dar su confesión, y en ésta no se hará cargo que no resulte del sumario, evitando siempre preguntas capciosas.

Artículo 213. Siempre que los reos o sus procuradores y parientes quieran presenciar las declaraciones y ratificaciones, podrán hacerlo, repreguntando y replicando a los testigos.

Artículo 214. Ninguna pena será transcendental al que no tuvo parte en el delito.

Artículo 215. A ninguno se pondrá grillos sin orden del juez, por escrito, quien solo podrá darla cuando se tema fuga.

Artículo 216. Queda abolida la pena de confiscación de bienes.

Artículo 217. Nunca se decretará embargo, si no es en los casos que piden restitución, multa o pago; pero ofreciéndose fianza abonada de juzgado y sentenciado, se suspenderá el embargo, que en ningún caso podrá exceder de la cantidad necesaria al cubierto de la deuda o pena.

Artículo 218. Las penas serán siempre evidentemente necesarias, proporcionadas al delito y útiles a la sociedad: en lo posible correccionales y preventivas de los crímenes.

Artículo 219. Toda sentencia civil y criminal deberá ser motivada.

Artículo 220. Como el hombre antes de los veinticinco años no tenga un libre uso perfecto de sus derechos, y mucho menos en las materias que necesitan de más premeditación y deliberación, se prohíben enteramente en ambos sexos todos los votos solemnes antes de esta edad. Serán severamente castigados los que les inciten a ellos; y mucho más los que se los admitan.

Artículo 221. Todo ciudadano tiene la libre disposición de sus bienes, rentas, trabajo e industria; así es, que no se podrán poner impuestos sino en los casos muy urgentes, para salvar con la Patria las vidas y el resto de la fortuna de cada uno.

Artículo 222. La industria no conocerá trabas, y se irán aboliendo los impuestos sobre sus productos.

Artículo 223. Sobre la libre manifestación de los pensamientos no se darán leyes por ahora; pero queden prohibidas la calumnia, las injurias y las excitaciones a los crímenes.

Artículo 224. Es sagrada la inviolabilidad de las cartas, y la libertad de las conversaciones privadas.

Artículo 225. Es libre la circulación de impresos en cualquiera idioma; pero no podrán introducirse obras obscenas, inmorales e incendiarias.

Artículo 226. Siempre que alguno sea reconvenido por impresos que contengan una o más proposiciones de las prohibidas en el **Artículo** 223, se le citará y prevendrá, que en el término perentorio de doce horas nombre veinte literatos para que juzguen de la causa. De éstos se sacarán siete a la suerte, y serán los jueces.

Artículo 227. Se le permite al acusado exponer libremente sus proposiciones y llevar a la presencia de los jueces todos los patronos que crea convenientes para su defensa.

Artículo 228. Cualquiera que sea la sentencia, si contiene alguna pena, no se ejecutará sin la aprobación del Supremo Tribunal de Justicia.

Artículo 229. En ningún caso, ni por circunstancias sean cuales fueren, se establecerán en Chile las instituciones inquisitoriales.

Título VII

Capítulo único. De la educación pública

Artículo 230. La educación pública será uniforme en todas las escuelas, y se le dará toda la extensión posible en los ramos del saber, según lo permitan las circunstancias.

Artículo 231. Se procurará poner escuelas públicas de primeras letras en todas las poblaciones: en las que, a más de enseñarse a la juventud los principios de la religión, leer, escribir y contar, se les instruya en los deberes del hombre en sociedad.

Artículo 232. A este fin, el Director Supremo cuidará de que en todos los conventos de religiosos dentro y fuera de la capital, se fijen escuelas bajo el plan general de educación que dará el Congreso.

Artículo 233. La misma disposición del **Artículo** anterior se observará en los monasterios de monjas para con las jóvenes que quieran concurrir a educarse en las escuelas públicas, que deben establecer.

Artículo 234. Se procurará conservar y adelantar el Instituto Nacional, cuidando el Supremo Director de sus progresos y del mejor orden, por cuantos medios estime convenientes.

Título VIII. De la fuerza militar

Capítulo I. De la tropa de línea

Artículo 235. Los Poderes Legislativo y Ejecutivo acordarán el número de tropas que se necesite para la defensa del Estado.

Artículo 236. Determinarán también cuál deba ser la fuerza permanente en las fronteras y según lo exijan las circunstancias, ampliarán o restringirán el mando, término y tiempo de sus generales.

Artículo 237. Determinarán la disciplina, escuelas militares, el orden en los ascensos y los sueldos.

Artículo 238. Establecerán también del mismo modo las fuerzas marítimas.

Capítulo II. De las milicias

Artículo 239. Todos los departamentos tendrán Milicias nacionales, compuestas de sus habitantes, en la forma que el Poder Ejecutivo, de acuerdo con el Legislativo, prevenga su formación.

Artículo 240. En los casos urgentes podrá disponerse de las Milicias, contribuyéndoseles con los sueldos de reglamento.

Artículo 241. Nunca podrán mandarse fuera del Estado, si no es en un caso de gravedad, con aprobación del Congreso.

Artículo 242. El Poder Ejecutivo dispondrá el modo más cómodo de disciplinar las Milicias, gravando a sus individuos cuanto menos sea posible, a fin de no distraerles de sus atenciones particulares.

Título IX. De la observancia de la Constitución y su publicación

Capítulo único

Artículo 243. Todo chileno tiene derecho a pedir la observancia de la Constitución, y a que se castigue al infractor de ella, sea cual fuere su clase o investidura.

Artículo 244. Los Poderes Legislativo y Ejecutivo, los Tribunales y demás autoridades mirarán este delito como uno de los de mayor gravedad.

Artículo 245. El infractor perderá todos los derechos de ciudadano por diez años, sin perjuicio de las demás penas que señale la ley.

Artículo 246. Las leyes fundamentales de esta Constitución no podrán variarse sin expresa orden de los pueblos, manifestada solemnemente a sus representantes.

Artículo 247. Todo empleado político, eclesiástico y militar, al recibirse de su empleo, y los ya recibidos, jurarán su observancia y desempeñar fielmente su encargo.

Artículo 248. El Poder Ejecutivo determinará el modo solemne con que debe prestarse por ahora este juramento en los departamentos, y cómo haya de publicarse, dando también las providencias necesarias para que circule por toda la Nación.

Dada en la sala de sesiones de la Convención, firmada por los Diputados presentes, sellada con el sello mayor del Estado, y refrendada por nuestros Secretarios en Santiago de Chile, a veintitrés días del mes de octubre de mil ochocientos veintidós años de la era vulgar, el décimo tercio de nuestra libertad, y el quinto de la independencia nacional.

Francisco Ruiz Tagle, Presidente. José Antonio Bustamante, Vicepresidente. Santiago Fernández. Felipe Francisco Acuña. Juan Manuel Arriagada y Bravo. Juan Antonio González. Domingo Urrutia. Agustín de Aldea. Francisco de Borja Valdés. José Nicolás de la Cerda. Juan Fermín Vidaurre. Francisco Antonio Valdivieso y Vargas. Manuel de Mata. Doctor Casimiro Albano. José Santiago Montt. José Miguel Yrarrázaval. Francisco Olmos. Doctor Pedro José Peña y Lillo. Juan de Dios de Urrutia. Pedro Ramón de Arriagada. Manuel José de Silva. Fray Celedonio Gallinato. Diego Donoso. José Antonio Rosales. Francisco Vargas. José Antonio Vera. Camilo Henríquez, Diputado Secretario. Doctor José Gabriel Palma, Secretario.

Palacio Directoral en Santiago de Chile, octubre 30 de 1822. Cúmplase, publíquese, imprímase y circúlese.

Bernardo O'Higgins. Joaquín de Echeverría, Ministro de Gobierno y Relaciones Exteriores y de Marina. José Antonio Rodríguez, Ministro de Hacienda y de Guerra.

Libros a la carta

A la carta es un servicio especializado para
empresas,
librerías,
bibliotecas,
editoriales
y centros de enseñanza;
y permite confeccionar libros que, por su formato y concepción, sirven a los propósitos más específicos de estas instituciones.

Las empresas nos encargan ediciones personalizadas para marketing editorial o para regalos institucionales. Y los interesados solicitan, a título personal, ediciones antiguas, o no disponibles en el mercado; y las acompañan con notas y comentarios críticos.

Las ediciones tienen como apoyo un libro de estilo con todo tipo de referencias sobre los criterios de tratamiento tipográfico aplicados a nuestros libros que puede ser consultado en Linkgua-ediciones.com.

Linkgua edita por encargo diferentes versiones de una misma obra con distintos tratamientos ortotipográficos (actualizaciones de carácter divulgativo de un clásico, o versiones estrictamente fieles a la edición original de referencia).

Este servicio de ediciones a la carta le permitirá, si usted se dedica a la enseñanza, tener una forma de hacer pública su interpretación de un texto y, sobre una versión digitalizada «base», usted podrá introducir interpretaciones del texto fuente. Es un tópico que los profesores denuncien en clase los desmanes de una edición, o vayan comentando errores de interpretación de un texto y esta es una solución útil a esa necesidad del mundo académico.

Asimismo publicamos de manera sistemática, en un mismo catálogo, tesis doctorales y actas de congresos académicos, que son distribuidas a través de nuestra Web.

El servicio de «libros a la carta» funciona de dos formas.

1. Tenemos un fondo de libros digitalizados que usted puede personalizar en tiradas de al menos cinco ejemplares. Estas personalizaciones pueden ser de todo tipo: añadir notas de clase para uso de un grupo de estudiantes, introducir logos corporativos para uso con fines de marketing empresarial, etc. etc.

2. Buscamos libros descatalogados de otras editoriales y los reeditamos en tiradas cortas a petición de un cliente.